创业破局

读懂创业的底层逻辑

化保力◎著

地震出版社
Seismological Press

图书在版编目（CIP）数据

创业破局：读懂创业的底层逻辑 / 化保力著.
— 北京：地震出版社，2022.11
ISBN 978-7-5028-5449-2

Ⅰ．①创… Ⅱ．①化… Ⅲ．①创业—研究 Ⅳ．① F241.4

中国版本图书馆 CIP 数据核字（2022）第 098243 号

地震版　XM5238/F（6280）

创业破局：读懂创业的底层逻辑

化保力　著
责任编辑：范静泊
责任校对：鄂真妮

出版发行：	**地震出版社**
	北京市海淀区民族大学南路 9 号　邮编：100081
	销售中心：68423031　68467991　传真：68467991
	总编办：68462709　68423029
	编辑四部：68467963
	E-mail：seis@mailbox.rol.cn.net
	http://seismologicalpress.com
经销：	全国各地新华书店
印刷：	三河市九洲财鑫印刷有限公司

版（印）次：2022 年 11 月第一版　　2022 年 11 月第一次印刷
开本：710×1000　　1/16
字数：220 千字
印张：14
书号：ISBN 978-7-5028-5449-2
定价：68.00 元

版权所有　翻印必究

（图书出现印装问题，本社负责调换）

前　言

随着"大众创业，万众创新"，我身边多了很多创业者。**虽然当创业者不难，但成为一个优秀的、成功的创业者并不容易。**

目前普遍的现状是：相比于上班来说，很多年轻人喜欢做生意、自主创业。他们觉得自己累死累活给别人打工，不如给自己打工，不但自由，而且赚的钱还比上班多。但当他们真正走上创业之路时，才发现通过创业赚得盆满钵满，似乎与自己无关，轮到自己的就只剩下创业的艰辛了，不仅苦和累，还赚不到钱。很多创业者抱怨，现在创业太难了，如果回到21世纪初必定能够事业有成。

我对这样的观点是持否定态度的。21世纪初，互联网经济初入我国，创业者们要么走传统老路，要么在互联网领域摸索着前进。走传统老路的创业者，在互联网新兴创业企业的挤压下，走得十分艰辛，而互联网创业者则完全摸着石头过河，取得成功的人更是屈指可数。

我认为，最好的创业机遇就在当下——互联网创新工具不断涌现，创业者恰好可以抓住机遇，从借鉴各种商业模式创业成功者的成功经验，为己所用，成就自己的一片天地。

针对当前创业者的现状，我认为创业者们亟须一些为他们量身定做的理论知识和方法来指导他们的行动。

我也是一个心怀创业梦想的人，如今已然成为一名创业课程培训师。这些年在与很多创业者接触的过程中，我总结出创业成功者的三个关键因素，这就是，三分之一靠机遇，三分之一靠天赋，三分之一靠努力。

机遇受到外界影响而变化，是可变因素；天赋是一个人出生以来就具备的特性，已成定数；努力则是一个通过后天勤奋来提升的，完全掌握在自己手中。

好的机遇，需要你有敏锐的眼光努力去发现；天赋不足，可以通过后天的努力去弥补。除此以外，创业者还需要不断锤炼自己的心态、补足自己短板的一面，让自己成为一个内心强大、善于反思的人，成为一个会创业、懂运营的全能创业高手。

创业如何才能成功？我通过本书的四大板块，为读者一一揭晓答案。

第一篇，理念篇。理念决定行动的高度。创业理念，是除了天时、地利、人和等外界因素之外，影响创业者实际行动的内在思想和观念。对于创业者来讲，摆正观念、端正态度非常重要。创业不是一件轻浮对待的事情，你创业成功与否，都与你的理念息息相关。

第二篇，实战篇。创业并不是一句口号，而是要付诸实践，参与实战。创业者必须做好准备，采取一些积极措施来运营你的想法，并在实际执行过程中酌情调整。

第三篇，机制篇。一个好的企业，必须有一套好的管理机制和驱动模式，否则企业就会在运转过程中杂乱无章、毫无秩序，时间长了，这样的企业必定会被市场所淘汰。

第四篇，提升篇。创业是九死一生的挑战。想要提升创业成功几率，需要不断学习，有效提升多种能力。创业者一旦走上创业之路，往往没有退路，必须不断学习，超越自己。

本书从细节出发，以创业者创业实施步骤为内容，从理念到实战、再到机制，进而谈及提升，层层递进，让希望创业的读者，或正在创业遇到困惑的读者，能在本书的指导下，早日实现创业成功的梦想。在理论与实践相结合的基础上，辅以翔实的案例，力求每一个论点及操作指南都能让读者看得懂、学得会、用得上，成为助推创业的实用书。

我真诚地预祝每位致力于创业创新的有志之士能够提升自己的创业能力，在商海中抓住机遇，早日闯出属于自己的一片天地。

理念篇

第一章 心态的高度，决定创业的长度

创业是漫长而孤独的事 / 004

要有输得起的胸怀 / 006

保持一颗坚定的心 / 008

从成功者身上找感觉 / 010

"链接"的宽度，决定事业的高度 / 014

创业者要负责任、懂感恩、有爱心 / 017

第二章 创业者，要有战略眼光和前瞻思维

用战略思维支持创业目标 / 022

没有创新就没有新高 / 025

创业的"客商一体化"战略 / 029
速度在创业中的重要性 / 032
顺风顺水时更要未雨绸缪 / 034

实战篇

第三章　创业者要具备的十二大能力

造梦力：不懂造梦，你将一无所成 / 040
模式力：好的模式才能造就好的企业 / 042
建队力：不会带团队，你就只有自己干到死 / 045
融资力：玩转资本，才能成就未来 / 047
领导力：好的领导，无须用职位压人 / 049
产品力：创业者首先要做好产品经理 / 053
营销力：不懂营销是创业者最大的失误 / 055
管理力：练好内功就得会管理 / 058
创新力：不创新，意味着死亡 / 060
演讲力：创业者就是企业的代言人 / 063
危机力：没有危机感，就是最大的危机 / 065
学习力：学习力就是竞争力 / 067

第四章　找到人才，带出有战斗力的团队

创业中最重要的就是人 / 072
志同才会道合 / 074
关键人才的招选育留 / 076
从自我提升到团队提升 / 080

目录

优秀的员工是逼出来的 / 083

第五章　产品，就要做会说话的产品

互联网时代的爆款战略 / 088

与其更好不如与众不同 / 091

做顾客想要的产品 / 093

找痛点是一切产品的基础 / 096

体验，找到用户尖叫的理由 / 098

物超所值才畅销 / 101

第六章　创业，就要会做营销

营销活动的核心是创新 / 104

做营销就是要舍得 / 108

做营销就要懂人性 / 111

短视频时代，要用好直播做营销 / 113

第七章　把好管理的命门

管理就是管人心 / 118

管理不是压薪酬，而是创效益 / 120

管理的最高境界是"无为而治" / 122

执行力一定根植在理解力上 / 124

用好管理机制，把大家凝聚在一起 / 126

第八章　资本,创业中最不能忽视的力量

现金流是企业的新鲜血液 / 130
找投资是个技术活 / 132
有未来的事业,赔钱也是赚了 / 135
卓越的创业者,眼光都在利益之外 / 137

机制篇

第九章　合伙制创业,让团队替你操心的绝妙法门

好的机制让"为别人打工"变成"为自己打工" / 142
机制:把你想要的,变成员工想要的 / 144
合伙制的三大布局:公司平台化、股东创业化、员工合作化 / 147

第十章　合伙制的法门一:分权

老板忙乱的两大原因 / 150
创业者要找到角色定位,从事务中解脱出来 / 152
分权中的"三权"分法 / 155

第十一章　合伙制的法门二:分利

分利的目的一:让有能力的员工先富起来 / 158
分利的目的二:让观望的员工动起来 / 161
分利的目的三:让混日子的员工慌起来 / 164
两大平衡点是分利、"分未来"的核心命脉 / 166

分利中的六大条件和四大分法 / 168

第十二章　合伙制的法门三：分风险

"有福同享，有难同当"是合伙的真谛 / 174
分担多大风险，才能尽多大心 / 177
合伙制的风险分担法 / 179

提升篇

第十三章　那些成功创业者没有说的秘密

整合资源，打通产业链 / 186
打造成功的商业模式 / 189
找好趋势，洞见"未来决定现在" / 191
不计一时之长短，方得来日之输赢 / 193
不忘初心，方得始终 / 195

第十四章　学习，是创业者终生的事业

创业者，做什么就要学什么 / 200
创业，有时就是比谁学得更快 / 203
学习是对创业者心灵最好的净化 / 205
所有得到的一切，都和修行成正比 / 207

理念篇

1

第一章
心态的高度，决定创业的长度

创业的路上没有谁能一帆风顺，也没有谁能随随便便成功。你一旦准备创业，首先就要有一个好心态。拥有好心态，比拥有千种智慧更具力量。当我们开始用积极的心态去面对创业过程中的艰辛和失败的时候，我们就向成功更近了一步。心态的高度，决定了你在创业路上能够走多远。

创业是漫长而孤独的事

创业微语录

在创业大军中，有的人创业是为了混口饭吃，有的人是为了实现自己的梦想。创业本身就是一场心智的磨炼，谁能够忍受孤独走完这条漫长的路，谁就能坚持到梦想成真的那一天。

人生路漫漫，无论怎样我们都会走到终点。创业路也是一条漫长且孤独的路，这条路上，很多人走着走着便坚持不下去了，就此放弃。

每位有经验的创业者都知道，创业就要承受巨大的经营压力，顶着不确定的决策风险，忍受着孤独不断奋战。

在创业初期，很多人需要独自面对很多事情，没人商量，全靠自己。纵使自己有三头六臂，也感觉有很多做不完的事。本来创业前冲劲十足、激情高涨，热情却被孤独所浇灭，所剩无几，甚至时常产生放弃的念头。

当你好不容易靠着自己的努力成功组建了一支几百人的团队时，你并没有因此而感到轻松，相反会体会到创业不仅身体累，心更累。因为身边的人不理解、不支持，会让你感觉更加孤独。

创业本身就是一件漫长而孤独的事情。因此，这里我给你一条忠告：如果你内心不够强大，千万不要轻易创业。因为在你选择创业的那一刻，其实你已经选择了和长久的孤独相伴。

如何能够直面创业路上长久的孤独，最终成就自己呢？很多知名企业家都

第一章 心态的高度，决定创业的长度

给过我们示范。我们不妨从他们的创业历程中找到些许答案。

> 商界女强人董明珠，也饱尝过创业的孤独感。董明珠可以说是一个与孤独相伴的女强人。进入格力25年来，她从未休过年假，每天工作16个小时以上，可以说将自己"嫁给了"工作。她出差时从不带秘书；生病时独自开车前往医院……

在创业的路上，每个人都需要经历孤独，但要完全战胜和摆脱孤独是不可能的。只有学会接受孤独、习惯孤独，才能在孤独中不断成长。

欲戴王冠必承其重。既然选择创业，就意味着你的大部分时间需要在孤独中度过。在孤独中，你能够不受外界嘈杂的影响，能够全身心投入自己的事业中去。越是成功的创业者，越能有极强的耐力去忍受孤独，在孤独中变得更加强大。

要有输得起的胸怀

创业微语录

> 人生路坎坷，创业路也不轻松。创业路上从来不会一帆风顺，能否取得成功，除了能力、实力之外，更重要的是要有输得起的胸怀。创业，赢得起，更要输得起。

我曾多次在培训课堂上和学员们交流过"创业最重要的是什么"这个话题，也多次在企业总裁峰会上组织大家就这个话题做过讨论。令人欣慰的是，不少卓越的创业者、企业家能够准确说出让人满意的答案。

他们认为，创业最重要的就是要有输得起的胸怀。没错，创办企业，离不开资金、技术、人才、管理经验、激情，更需要一种胸怀，一种"输得起"的胸怀。

并不是每个创业者都能一次就取得成功，况且这样的人少之又少。对于绝大多数人来说，都要经历或多或少的失败，才能最终走向成功。

作为一个创业者，输和失败一定是不可避免的。为什么有的人创业失败后就此一蹶不振，有的人在失败后却能够微笑面对？为什么有的人即便创业失败，还是可以东山再起？不同的人生境遇，取决于不同程度的胸怀。创业输了、败了，表面上是赔了钱，其实是对创业者胸怀的一种考验。人生路上总会一波三折，难免会遇到人生低谷，如果你没有输得起的胸怀，那么你将永远都是一个彻头彻尾的失败者。

第一章 心态的高度，决定创业的长度

> 我有一位学员，名叫胡耀辉，他做的是白酒生意。由于他是平生第一次创业，所以一路都要不断摸索着前行。为了让自己的品牌能够更好地赢得市场，他高价聘请了专业技师作指导。正在关键时刻，技师被高价挖走了，给胡耀辉撂下了一堆烂摊子。机器停了，生产停了，员工也停工，没有办法继续进展。但物料费、水电费、房租、人工费却一分不少地继续支出。钱花进去不少，却什么也没赚到。公司就这样进入了"休眠"状态。初次创业，显然胡耀辉因为遇人不淑失败了。他内心十分不甘，但并没有就此放弃，认为自己还年轻，输得起，也相信自己能够闯出一片天。此后，胡耀辉自己亲自向专业人士学习先进的酿酒技术。学成后，他四处筹钱，重新组建生产团队，亲自上阵给车间员工做指导，公司一切都开始正常运作起来。如今，胡耀辉创办的白酒品牌已经在市场打开了销路，在白酒领域小有名气。
>
> 一次，我在烟台做培训，胡耀辉特意跑到烟台来参加我的课程。课后，他找到我，告诉我他的创业经历，并表示对我的感谢，他说如果当初不是我让他重燃创业希望，他是不会有今天的成就的。其实，他应当感谢的不是我，而是他自己不服输的那股劲，正是这股劲头拯救了他自己。

事实上，我还遇到过连续失败七次，都没有说出"放弃"两个字，还依然以永不服输的心态再创业的成功企业家。他们的胸怀，更加值得每一个创业者敬佩和学习。

在创业路上，创业者所要面对的不外乎就是两种情况：要么成功，要么失败。成功与失败的概率各占50%。如果你一遇到失败就对自己说："我尽力了，我放弃了。"那么你只能永远是一个失败者。只有那些经得住失败、输得起的人，才能担得起成功。

保持一颗坚定的心

> **创业微语录**
>
> 创业就像西天取经，纵使路途坎坷崎岖，但只要心中有信念，心力坚定，迟早你都会取得真经。

什么是创业？在我看来，创业就是创造业绩，实现梦想。每个创业者的创业初衷，都是为了实现自己多年来的梦想，如名誉、财富、地位、社会贡献等。

在这条实现梦想的路上，内忧和外患经常相伴而来，棘手问题和许多不确定的风险并存，市场大环境存在很多诱惑。作为创业者，如果你畏首畏尾，意志不够坚定，选择了放弃初衷，那么就会像猴子丢了西瓜捡芝麻一样，最终所获寥寥无几；如果你有良好的心理素质和坚定的内心，扛住了，坚持下来了，最终也就成功了。

只有内心坚定的人才适合创业，才可能成功。不管你的能力有多强，你的经济实力有多雄厚，你都需要一颗坚定的心做支撑。

我认为内心坚定分两种情况：

第一种是在遇到困难时，内心依然坚不可摧，有种"咬定青山不放松"的精神。

百度创业初期，由于百度当时的影响力还十分有限，于是李彦宏决定抛开服务B端企业向服务C端用户做战略转移。李彦宏认为，与B端

第一章 心态的高度，决定创业的长度

> 企业相比，未来 C 端用户将是一个非常庞大的群体，能给公司带来更多的盈利。但公司的投资者都持反对意见，他们认为当时 B 端收费的空间虽然小很多，但却是真金白银。而 C 端用户量涨得并不快，难以带来更多变现机会。董事会上，大多数人都不看好李彦宏的这一战略转移。
>
> 也正是有了李彦宏的坚持，才有了如今百度的成功。

当下的创业者中，很多人缺乏坚毅和果敢，更缺乏一颗坚定的心。如果你认为你的创业方向是正确的，就一定要像李彦宏一样，坚持下去，成功也就越来越近。

第二种是在诱惑面前依然意念坚定，不可动摇。

> 任何行业的发展都有一个波峰和波谷，当一个行业已被大家所熟悉时，说明产品趋于饱和。这里我举个简单的例子。前几年，各类共享单车出现在大街小巷，再加上媒体大肆宣传，共享单车行业可以说是人人看好的朝阳产业。如果你是做汽车生意的，看到眼前巨大的利益诱惑，而选择转战共享单车行业，但是此时你所看到的繁华景象，其实意味着共享单车已经进入波峰期，紧随其后的波谷期即将来临。此时你选择转战共享单车行业，基本上就是扮演了"炮灰"的角色。

我也曾对那些创业失败的企业做过分析，最终得出的结论是：世界上 80% 的创业之所以失败，是因为放弃，而放弃的原因就是创业者的内心不够坚定。如果你自己内心不够坚定，不相信会成功，那么你又怎么能取得成功？

只有内心坚定，才能行得更深，走得更远。过度在意别人的看法，缺乏独立的判断能力，容易摇摆不定，这些都是创业者的大忌。创业，一定要选好自己擅长的方向，同时也是有前景的方向，然后扎稳马步，沉淀内心，这是一个成功创业者必备的修养。

从成功者身上找感觉

创业微语录

创业是一件需要谨慎对待的事情，不可儿戏。与其跟着自己的感觉走，不如从成功者身上找感觉。

有很多学员跟我说自己想创业，却不知道如何迈出第一步，如何才能成为一个成功的创业者。有这些困惑很正常，毕竟创业不是易事，需要谨慎走好每一步，否则可能会满盘皆输。

如果你不知道如何才能成为一个成功的创业者，我认为你可以去那些成功者身上找感觉，学习宝贵经验。

1. 把想法立即变成行动

那些成功的创业者，多数是敢于把自己的想法立即变为行动的人。行动，就是感到行了就赶紧动起来。一旦有了机会，不要犹豫，很多机会往往是在犹豫中失去的。

奥飞娱乐股份有限公司，是我国目前最具实力和发展潜力的动漫文化产业集团公司之一。它的创始人蔡东青就是一个敢想敢做、敢于快速付诸行动的商业奇才。

蔡东青身世普通，学历普通，初中毕业后便开始寻找适合自己做的事。一次，他发现潮汕有很多家庭手工作坊生产的塑胶玩具，销量很不

第一章 心态的高度，决定创业的长度

错，便想"别人能做我也能做。"东拼西凑了800元后，蔡东青买了设备，投入生产，结果销量不错。在看到四驱玩具车市场潜力后，蔡东青又办起了颇具规模的"奥迪塑胶玩具厂"，主要产品就是"奥迪四驱车"。在看到电视节目中播放的法国一级方程式汽车大赛时，他灵机一动，也举办了一场四驱车大赛。国家体委认为这项活动有利于科普，决定每年举办一次四驱车大赛，没想到，他的四驱车因此名噪一时。

随后，蔡东青接触了动漫产业，发现动画片可以带动他的产品销量，随即便开始采取转型行动。虽然也经历过多次失败，但他摸索出的"动画片+玩具"模式，让他的公司成功转型。几年后，奥飞娱乐股份有限公司顶着"中国动漫第一股"的光环顺利上市，蔡东青也实现了从800元起家到身价168亿元的巨大蜕变。

每次都能将自己的想法快速付诸行动，这正是蔡东青如今能取得巨大成功的一个重要原因。

2. 少给自己留"后路"

很多人做事情的动力，一是因为诱惑，二是因为恐惧。如果你还没有行动起来，是因为诱惑不够大；如果你行动的积极性不够高，是因为恐惧不够多。在你决定创业的那一刻，就应当自断"后路"，让自己退无可退。在遇到挫折和困难时，你别无选择，只能勇往直前。面对挫折，你越退缩它就越强大。只有不断向前，你才有成功的机会。少给自己留"后路"，创业成功的机会才更大。

辽宁博康药业（器械）有限公司董事长付权，就是一个从不给自己留"后路"的人。付权有着相当不错的家境，并在当地拥有一份收入不菲的工作。但当他到大连出差时，便喜欢上了这里，也看到了巨大的创业空间。于是他有了自己创业的想法。在下定决心后，他辞掉工作，卖掉房子，不顾家人反对，孤身一人来到大连，开了一家药业公司。由于用人不当、交友不慎，付权的公司在开办的起初三年里受到很多竞争对

> 手的"暗箭",公司几度经营不下去了。父亲让他回老家找个安稳的工作,但付权撂下"狠话":"我当年辞职、卖房,就没打算给自己留后路,我就是死也要死在大连。"也正是凭着这股拗劲和执着,付权硬是在这个人生地不熟的地方站住了脚跟,公司也发展得越来越好。

3. 永远保持自信

创业,除了体力上的锻炼,更多的是心智打磨。创业艰难,无可厚非。保持自信,纵使前路一片漆黑,也会为你带来成功的希望,使你在艰难险阻中能够创造奇迹。没有自信心的人想创业,很难。我常常跟我的学员说,创业要有200%的信心,其中100%用来抵抗各种打击和挫折,剩下的100%用来实现自己的未来。此外,我还认为,创业者需要具备三个方面的自信:行为自信、文化自信、能力自信,这三点缺一不可。

> 曹德旺被业界誉为"玻璃大王"。他曾坦言,自己的成功,主要与自信有关。
> 福耀集团股份有限公司是全球最大的汽车玻璃供应商。曹德旺在当年建立福耀集团的时候,很多人都不看好他,认为他要在18万平方米大的厂房里建成玻璃厂简直就是个笑话。但曹德旺有足够的信心,并用自己的实际行动,让那些嘲笑他的人心生敬佩。
> 大家可以去看一下名为《美国工厂》的纪录片,其中就真实反映了福耀投资建厂的经历,从中你就能很好地感受到曹德旺在创业过程中表现出的自信。

4. 敢于冒险

我认为世界上的机会分两种:

一种是发现别人没有发现的机会,然后抢先去做并且成功了。这样的机会不多,也并不是人人都可以遇到的。

第一章　心态的高度，决定创业的长度

另一种是在别人认为没有机会的事情上大胆尝试，这就是我们常说的"冒险精神"。

成功总是青睐那些敢于冒险的人。那些瞻前顾后的人，不会出什么大错，但也不会有什么建树。相反，那些愿意冒险、敢于冒险，不按常理出牌的人，却能创造出惊人的奇迹。

> 绝大多数企业中有权力做决策的人，都是领导或者高管。任正非不这么想，也没有这么做，他认为哪怕是公司最基层的员工，只要有能力，都可以参与到一线决策中来，他舍得放权、敢于放权，这体现的就是企业家的一种冒险精神。

成功无法复制，但我们可以从成功者身上汲取能量、学习经验。这些都是不可多得的宝贵财富。学会了，用对了，受益一生。

"链接"的宽度，决定事业的高度

> **创业微语录**
>
> 知识和人脉是支撑你事业不断上升的两柄"拐杖"。丰富的知识，可以给你最好的滋养；高质量的人脉，可以弥补你资源的不足。无论知识还是人脉，对于创业者来说都是多多益善。

一个人的事业能有多少成就，取决于你的链接有多宽、多广。这里的"链接"，就是我常在培训课上讲的两个重要方面：知识、人脉。

1. 知识

我们常说："理论指导实践。"种地需要知识，养殖需要知识，创业更需要知识做指导，比如管理知识、营销知识、心理学知识、财务知识、法律知识、专业技术知识等。这些都是创业所需的基础知识，有了这些知识做保障，你才能知道如何营销事半功倍；如何做好财务预算，为公司开源节流；如何运用法律知识保护自己的合法权益；如何才能降低创业风险，增加成功率。每一个成功人士都必须进行知识的积累，如果你还没有做好这方面的知识储备，赶紧学习起来。

2. 人脉

人脉资源是创业者不可或缺的一个重要部分。一个创业者，如果不能在短期内建立起广泛的人际网络，在创业路上一定会走得十分艰难。花时间和精力去拓展人脉，可以在建立朋友关系的基础上增强你的人际交往能力。"朋友多了路好走。"一份良好的友情关系能够帮助你在创业之路上走得更加顺遂。无论同学资源、朋友资源，还是职业资源，都是可以为你所用的重要人脉资源。

> 我认识一个做儿童用品的老板，他在创业之前是一位中学数学教师。他创业的第一桶金，还是通过一位学生家长的帮助获得的。同时，他做恒温碗的第一笔创业资金，也是通过一位在银行做主任的学生家长那里获得的。如果没有这些职业资源，他的创业之路一定会艰难很多。

这位老板的创业经历告诉我们：人脉资源的加持，可以使你能够获得更快、更好的成功。当然，创业者应当把精力放在高质量人脉的挖掘上，质量比数量更重要。我发现很多人喜欢炫耀自己的微信通讯录里好友的数量，好友再多，但真正对你重要的却只有那么几个，没有质量的人脉，只会浪费你的时间。在挖掘人脉的时候，还是要掌握一定的门道。这里我分享几条心得：

（1）**看人品**。人品不好、口碑不好的人，不可交，趁早远离。

（2）**看是否乐于助人**。真正的成功人士也非常善于帮助别人。他们懂得帮助别人的同时，其实也是在圈子里不断提升自己的口碑。举手之劳说不定能够找到新的重要的合作伙伴。那些不喜欢帮助别人的人，不会给你带来任何帮助，也难以成为你的合作伙伴，别浪费时间。

（3）**挖掘"顶层"人脉**。你要明白一个道理：一小部分对你重要的人，胜于其他一大批人。如果可以的话，你借助现有的人脉，多找一些"顶层人脉"。"顶层人脉"站在人脉金字塔的塔尖，他们手中掌握着更加广泛的资源。有了顶层人脉之后，重要的是经常与你的顶层人脉保持高质量联系，如定期讨论圈内新鲜事、交换一下创新思维等，切忌节日发祝福这类没有养分的信息。

如何才能链接到优质的人脉呢？我认为有两条途径：

一靠付出。有付出才有回报。建立良好的人脉，其实就是一个挖井的过程。付出的是汗水，得到的却是源源不断的甘泉。拓展人脉，就需要有所付出，包括时间、精力、爱心、帮助等。

二靠主动。良好的人脉，一定要主动去获取，而不是被动等待。

总而言之，链接力决定发展力。每一个创业者都应当有其依凭的条件，知识是内部资源，人脉是外部资源，这两种资源，是我们创业所需的无形资产和潜在财富。

创业者要负责任、懂感恩、有爱心

> **创业微语录**
>
> 虽然说智慧的多少决定一个人在创业之路上发展速度的快慢,但品格可以弥补智慧上的缺陷,让创业者走得更高、更远。

品格是一个人的内在修养,好的品格影响人的一生。创业好比是盖一座高楼大厦,创业者除了有较强的综合能力之外,更重要的是需要具备良好的品格。这应当是每个创业者的基本素养,更是高楼大厦的重要地基。**创业者品格的高低决定事业的高度**。

我经常向学员强调,想要成为一个成功的企业家,就要先修炼自己的品格:要有强烈的责任心,还要懂得感恩、有爱心。对于一个拥有成就大业梦想的企业家来讲,要想成为一个好的领导者,就需要具备这些领袖特质,并将这些优秀特质应用于实践,这样一个企业的发展则更容易成功。

1. 负责任

创业并不是创业者一个人的事情,众人合力拼命才能换来向往已久的成功。对于创业者而言,不但家人的生活开销需要你负责,而且投资人的资金回报需要你负责,员工的工资也需要你负责。

我见过一些很认真的创业者,他们的大脑无时无刻不在梳理公司的大小事情,却拿着比打工还低的工资。他们认为,既然决定创业,自己就要多做工作,多为合作者负责。不管是对投资人还是员工,承诺给他们更大的舞台、更多的收入，如果做不到就会让所有人的期望变成失望。

有责任感的创业者，一旦创业，就永远停不下来，他们是为了自己的梦想而战，更是为了自己应当承担的责任而战。

2. 懂感恩

俗话说"滴水之恩当涌泉相报"，一个人立于天地间，能够时刻保持一颗感恩的心是最为可贵的。

在创业的道路上，创业者需要常怀感恩之心。懂得感恩，才会收获更多美好。作为一个创业者，我也时刻提醒自己要知恩图报，感恩所有帮助过我的人。

我认为，创业者应当感恩三种人：

第一种：感恩与自己同甘共苦的人。

一个人在身处困境时是最考验真情的时候。自古同甘共苦者少，大难临头各自飞者居多。创业本身是一件艰难的事情，而且失败之事十有八九。凡是那些能够与自己同甘共苦的人，都是值得感恩的人。他们能够在我们最需要帮助的时候伸出援助之手，这样的帮助是最为珍贵的，这样的感情是最值得我们去珍惜的。

第二种：感恩自己在跌倒时能够扶我们一把的人。

在创业路上经历了失败是常态，当自己失败的时候，是自己人生中最挫败和低沉的时候，此时如果有人能主动站出来拉自己一把，就会给自己更多的希望和力量，让自己能够信心满满地继续战斗，朝着梦想的大门一步步迈进。跌倒时能够扶一把的人，是值得我们感恩的人。

第三种：感恩在你成长路上遇到的一些特殊的人。

在创业路上，我们会遇到形形色色的人，有一些特殊的人非常值得我们去感恩。感恩你的敌人，是他们使你的心智磨炼得更加坚不可摧；感恩欺骗你的人，是他们使得你在日后发展的过程中变得更加充满智慧；感恩那些鞭策你的人，是他们使得你信心坚定、斗志满满；感恩那些斥责你的人，是他们的话语点醒了你，让你学会了思考。

3.有爱心

爱人者，人恒爱之。每一个心怀大爱的人，都乐于帮助他人。当我遇到非常优秀的创业者时，我总是想尽办法、不遗余力地帮助他们。因为给予别人帮助的同时，既奉献爱心，给别人带来温暖，同时也能从中收获快乐。

万事万物的发展都是一个因果循环的过程。你行善事的过程，也是一个得获福报的过程。你无私帮扶别人，也必定会换来别人在日后对你的更高价值的回报，他们以后也许会100倍、1000倍地报答你。

总而言之，修炼人品是一个创业者一生的必修课，要想做事必先做人，培养自己的好品行，是一切成功的关键。人对了，世界也就对了。

2

第二章
创业者，要有战略眼光和前瞻思维

有一个聪明的头脑，对于创业者来讲固然重要。但这还远远不够，因为市场发展千变万化，很多商机稍纵即逝，如果创业者不具备独到的眼光、敏锐的思维，则很难顺应市场发展趋势，更难以在市场中站稳脚跟。所以，创业，就要有战略眼光和前瞻思维。

用战略思维支持创业目标

创业微语录

创业、做生意就像是作战一样。作战前一定要有战略思维，排好兵，布好阵，作战有方，才能在生意中取胜。否则，没有战略，就是"送人头"。

创业靠的是"三分战略，七分执行"。然而这"三分战略"却是"七分执行"的前提条件。

"战略"是什么？战略，就是把企业发展当成作战，进行战争全局的筹划和指导，为不同的明天创造不同的企业。换句话说，战略就是一个人的思想导航，是一种能够让你的企业快速实现目标的方法。

传统讲的企业战略，包括营销战略、竞争战略、融资战略、技术开发战略等。然而，企业作为一个整体，无论是已有企业还是初创企业，其最初的目标只有两个，即生存和发展。这就是创业战略。

在我看来，好的创业者并不是球员，而是要学会当教练。做一个好的球员很容易，但能够成为一个对整个企业都能运筹帷幄的好教练并非易事。于创业者而言，有良好的创业战略做指导，有明确的发展方向做引导，才更容易实现创业目标。

一个企业创业者应当如何制订正确的战略呢？我认为有四个切入点：

1. 与国家、行业的发展战略相匹配

制订企业发展战略，首先要明确自己所处行业的战略方针和国家发展方

向。我强烈建议，每一位创业者在创业前都学习一下国家的五年规划。在了解国家发展战略之后，再了解行业发展战略，然后再思考如何让自己的企业、产品与国家、行业的发展战略相匹配。

2. 形成差异或优势

制订战略目标，就是为了不同的明天创造不同的企业。也就是说，制订战略的过程中，一定要注意突出差异性和优势。而这种差异和优势是创业者的比较优势，向企业竞争差异和优势的转化。

这一点其实也很好理解。创业者自身的比较优势通常来自于创业者的一技之长，如研发能力、管理能力、营销能力等。

如果创业者具有较强的研发能力，他可以为企业研发出产品品质较高，能为用户带来全新体验的产品，那么他就可以为企业带来较强的产品竞争优势。

如果创业者具有较强的管理能力，他可以有效提升企业员工的执行力和业绩水平，那么他就可以借助低成本、高收益，帮助企业实现市场竞争优势。

在制订创业战略的时候，一定要聚焦到你的比较优势上，这样才能发挥你的能力优势，形成战略优势。

3. 有效发挥创业者的资源禀赋

创业者的比较优势通常来自于能力，另外还有很少数的情况来自于资源。所以，创业者的资源优势，也是创业战略制订过程中应当优先考虑的内容，以有效发挥创业者的资源禀赋为原则。

简单来说就是，如果创业者具有良好的资源优势，则选择低成本战略；如果创业者具有一般的资源优势，则选择差异化战略；如果创业者的资源优势较差，则选择市场集中战略。

4. 保持总成本领先

总成本领先是指用低单位成本获取高价值用户。很多人将总成本领先误认为是低价竞争，低价竞争和低成本竞争是有一定的区别的。前者是借助低价争夺市场份额，后者是借助低成本争夺市场份额。低价竞争并不是一种战略，而是一种手段。低成本竞争才是一种竞争战略。用总成本领先带来的低价，才能让你在创业的过程中形成战略优势。

我认为，制订战略就像是瞄准靶心，实施战略就像是开枪射击。所以，除了以上四个切入点之外，还需要在整个制订和实施的过程中，目标清晰，打法明确，执行到位，才能正中靶心。切不可好高骛远，不切实际。人人都想让自己的企业能够快速站到产业链的最顶端，但一定要先明确自身优势。越过自身优势制订创业战略，你即便全身心投入，成功的几率也很低。与其如此，还不如摆正自己的心态，找到自己的比较优势，集中火力向你的创业领域进发，成为该领域的领军者指日可待。

第二章 创业者，要有战略眼光和前瞻思维

没有创新就没有新高

创业微语录

没有哪个企业能在固化和模仿、复制中成长为卓越的企业。时代在不断变化中推进，市场也在变化中前行，企业需要有所创新才能有所超越，才能站在新的高度俯视一切竞争对手。

在当前这个互联网时代，知识、技术的发展日新月异，给企业带来更多机会的同时，也向企业提出了严峻的挑战。面对这样的大环境、大趋势，创新才是最佳的突围方式。

在之前很多年里，人们认为只要紧跟行业大佬的步伐，模仿和复制他们的经营模式就很容易成功。在这种舆论下，"抄作业"的企业比比皆是。有的甚至直接照搬，就连别人踩过的坑、摔过的跤都一模一样。我认为，这种"无脑"抄袭是让人所不齿的。不设置新高度、标准，只是照抄照搬，等于没干。没有创新的企业，就像没有灵魂一样，充其量只是别人的一个影子。

真正懂得经营的人，更加懂得去创新。创新分为两种：

一种是微创新。有的创业者，即便自己没有全新的思路去创新，也十分懂得在模仿中寻找一处细微之处，开辟出属于自己的独有模式。这种方式虽然也有模仿的成分，但却在模仿的基础上，结合自己独有的思想和观点进行了微创新。他们绕过了别人踩过的坑，避开了别人摔过的跤，这样的人容易成功。

> 近几年国家鼓励青年人返乡创业，李良和他的朋友响应号召，李良是做中药材种植的，他的朋友是做野鸭养殖生意的，两人在当地小有名气。一次，李良去朋友那里参观作客，在攀谈的过程中，李良了解了很多野鸭养殖方面的知识。在参观鸭舍的时候，李良发现鸭舍每天有专人过来清理，并将其运输到指定地点做处理。
>
> 回来后，李良觉得朋友做野鸭养殖生意那么好，自己也想在养殖方面尝试一下。于是，李良办起了养鸡场。在办厂前，李良也做过很多养殖家禽方面的功课，再加上前有朋友的成功可以借鉴，李良的养鸡场很快就盈利了。与朋友不同的是，李良没有把鸡粪当作垃圾处理掉，而是将鸡粪全部集中起来，放到专门的发酵池中进行发酵。等到鸡粪中的有害物质分解掉之后，就将发酵好的鸡粪直接当作有机肥，施到自己种植的中药材土地里。这样既做了无害化处理，又省去了运输费用，还省去了中药材的肥料成本，他的生意比以前还要好很多。李良在朋友养殖的基础上做了微创新，既开了源，又节了流，可谓一举三得。

另一种是颠覆式创新。颠覆式创新，即对传统创新进行"破坏"，实现从量到质的改变，从而将传统创新取而代之。时代在发展，旧有的模式、产品也逐渐在时代的前进中被淘汰。这时候就需要对旧有的模式、产品进行改善和创新，让企业发展与当下经济形势相匹配，这样的企业才能在市场中快马驰骋。我在研究和总结中发现，那些更加完善的创新模式和创新产品，对于企业来讲，可以有效提升5倍市值。

创新对于企业的重要性，并不是吹嘘和吹捧，是肉眼可见的。对于创业者来讲，更加关注的是如何进行创新的问题。我认为可以重点把握好以下几个方面：

1. 增强创新意识

创新是一切突出成绩的动力源。很多事实证明，创新出思路、创新出办法、创新出成就；而那些循规蹈矩、不思进取的企业，则很快被时代所淘汰。

在我看来，作为一个企业，只有两条出路：要么创新，要么"死"。很多企业没有进行创新，而是只做追随者，看到哪些产业做得好，就马上跟风，却因为能力有限无法驾驭，最终一无所获。企业的发展不会是一种静止的状态，而是需要不断微创新和颠覆式创新，才能走在时代的前沿、行业的前沿。所以，任何企业，任何时候，都要不断提升自己的创新意识。创新是一个企业活下去的唯一出路。

2. 把握好创新的落脚点

创新并不是一句口号，也不是一个虚无缥缈的东西，创新要落到实处。企业的发展有两条路径：一是内部业务、员工、资源的开发和利用，通过提升企业的组织效率，达到提升企业绩效水平的目的；二是外部的市场、客户、合作伙伴的拓展和帮助，达到提升企业盈利的目的。因此，创新就要将这两方面作为落脚点，进行管理创新、产品创新、经营创新。

3. 做迎合市场需求的创新

创新固然重要，但是否能够迎合市场需求，却是重中之重。

在这个竞争愈发激烈的时代，创业者是成还是败，是破还是立，不是完全由创业企业自身说了算，而是由市场需求决定的。不能适应市场发展趋势，不能满足市场需求，就算你的想法再有创意，你的产品和服务再有创新，也会四处碰壁，最终竹篮打水一场空。唯有适合时代发展的创新、迎合市场需求的创新，才能超越对手，为企业赢得更大的生存和发展空间。

4. 打造对比出来的极致

我认为，创新要先做与众不同再要求更好。与众不同从何而来？要从和别的企业对比而来。

创业初期，创业者要做到的就是和别的企业做对比，要做到"人无我有"，用与众不同给用户带来全新的体验。之后，再一步步提升，做到极致，达到"人有我优"的境界。

5. 注重创新迭代

在同一领域，市场竞争对手居多，在比拼创新的同时，更要注重速度和效率。世界上任何事情都没有最好的，只有更好的。迭代创新，看似是在重复操作，实际上是一种螺旋式上升和渐进式改进。不断迭代创新，就会不断超越竞争对手，企业的竞争力就会越强。

我给创业者一句忠告：无创新，不创业；不创新，没生机。 一个企业，要想不断向上，要想打造行业中响当当的品牌，要想成为世界上具有一定影响力的企业，就需要练就创新特质。打破常规、敢为人先的创新，是企业长青的不竭动力。

第二章　创业者，要有战略眼光和前瞻思维

创业的"客商一体化"战略

创业微语录

商人推销自己的产品，永远让人觉得苍白无力，永远会被认为是"老王卖瓜，自卖自夸"。如果能改变一下思维，把消费者变为宣传者，效果则会超乎想象。每一个创业者都应当思考：如何才能把你的客户变为你的合作者和宣传者。

长期以来，企业认为其自身与客户之间是一种利益敌对关系。这一观念让不少企业在一味追求利益的过程中，使客户对企业品牌失去了信心。客户是企业盈利的根本，没有客户就没有流量，更难以带来源源不断的销量。

显然，与客户对立的做法行不通。那么如何破解这种困局呢？既然消费者是企业的利益源泉，何不将其利用起来，让消费者成为消费商？因此，我认为最好的方法就是实现"客商一体化"。

什么是"客商一体化"？ 顾名思义，就是使用一定的方法和手段，使得客户与企业成为一个一荣俱荣、一损俱损的有机整体。这是消费者与企业建立长久关系的有效方法。企业为客户解决问题、创造价值、带来实实在在的利益，消费者没有道理会弃你而去。

那么如何才能实现"客商一体化"呢？我在这里分享几个我的心得：

第一步，改变原有的客户关系。

时代在变，人们的思维也在发生改变。以往，消费者与品牌之间就是一种简单、纯粹的买卖关系。如今，随着商品的不断丰富和消费观念的转变，原有的客户关系已经不再适应当前市场发展的需求，企业需要在变中思变。改变原有的客户关系是实现"客商一体化"迈出的第一步。

原有的客户关系，即品牌只为客户提供其所需商品。原有客户关系的改变应当包括：

（1）**为客户提供除商品本身之外的各种超值服务**。超预期的服务，能有效提升客户对品牌的好感度。

（2）**满足客户的情感体验需求**。客户之所以会选择某个品牌，是因为其被品牌的某一种情感因素所打动。情感共鸣可以给消费者留下深刻的印象，重刷新客户对品牌的认知。

（3）**为客户创造价值**。原有的客户关系中，品牌利用客户为其创造利润。如果能转变思维，品牌为客户创造价值，让客户有利可图，客户自然会被利益所吸引、所感动，自然会与品牌的关系靠得更近。

基于这三方面，改变原有客户关系就会容易很多。

第二步，让客户参与到经营活动中来。

在与客户建立多维度的良好关系之后，客户会与品牌的关系更进一步。

一直以来，都是经营者赚钱，消费者花钱。消费者如果参与到经营活动中来，并参与利润分配，这在以前是一件不可思议的事情。

每个人都有自己的社交圈子，如今很多人都喜欢在自己的社交圈子晒"宝"，发布内容，表达自己的观点，与别人进行信息交流。我们完全可以将人们的这种"晒"的习惯利用起来，让其参与到品牌经营过程中。这样一来，消费者不但是品牌信息的传递者，还在一定程度上为品牌整合了资源、聚集了流量，扮演了消费商的角色。**客即是商，消费者与品牌在无形中站在了同一个阵营，形成了利益共同体**。最终消费者从中获得相应的利润，品牌也可以实现效益的大幅提升，各取所需，互利共赢，从而打开了一个"客商一体化"的局面。

第二章 创业者，要有战略眼光和前瞻思维

> 有一个做餐饮的老板，他在经营方面非常有头脑。一进门的易拉宝海报广告告诉每一位进店消费的顾客可以在店内随意拍摄短视频，如将美食、用餐环境等上传到朋友圈或抖音、快手，通过扫码点餐，就可以享受半价优惠。动动手指就能半价优惠，谁会不愿意？通过这种方式，凡是进店消费的顾客，都成了这个老板的免费业务员，为餐饮店源源不断地介绍顾客过来。这也是这家餐饮店火爆的原因。

"客商一体化"是一种超前思维和模式，运用这一战略，可以让创业者轻松运营，就赚得盆满钵满。

速度在创业中的重要性

创业微语录

> 兵家有云："兵贵神速。"创业也讲究抢占先机，快速取胜。旷日持久，会让全员疲惫，锐气受挫。对于一个企业来讲，成功很重要，成功的速度更重要。

之前在培训课上，很多学员都有一个相同的问题："创业过程中，速度重要还是效率重要？"我给出的答案是：先抓速度，再抓效率。

为什么这么说？我想告诉创业者这几件事：

首先，创业有很多不确定因素。

我对"最理想的创业状态"的定义是：既要快速奔跑，又能在摔倒之后继续爬起来往前冲。创业的过程中有很多不确定因素，我们要积极拥抱并正确看待这些不确定性，否则你一旦摔倒，就难以做出自我调整，就会被甩在后面。所以，面对可能出现的不确定因素，我们必须讲究速度，快速适应、快速调整，使自己达到"最理想的创业状态"。

其次，创业机会并不是随处可见的。

"机会"本身就代表着概率小之又小。机会来临时，能发现机会的人，更在少数。如果你能在少数人发现机会之前，提前发现机会，快速抓住机会、布局机会，那么你在创业的路上就成功了一半。谁能把握先机，快速占领市场，谁就赢得了发展的主动权。

再次，创业过程中出现问题不可避免。

创业过程中，出问题、犯错误是不可避免的，快速试错、快速改错，可以为你节省很多时间，即便你偏离正确的方向，也能将你快速拉回正轨，重新出发。

最后，"龟速"跑不赢"争夺赛"。

国家大力倡导"大众创业"，在大家都想做"风口上的猪"时，只有那个能看得见风，又能跑得快的人，才能真正取得成功。"逆水行舟，不进则退"。尤其在当前这个互联网时代，不前进会落后，前进慢了同样会落后。创业争夺赛中，决不能"龟速"跑。

> 一位学员曾向我抱怨，现在的生意越来越难做了。同样一条街上开的两家肠粉店，他家叫徽记，竞争对手家叫潮记。潮记门口的顾客排了很长的队，而自家门前只有零零散散的几个人。
>
> 我问他有没有从自身找过原因，他说："我做过调查，顾客说我家的肠粉味道和潮记的味道差不多。"为了弄清楚问题的原因，我特地去光临了两家肠粉店。
>
> 在潮记，排队的人的确很多，但厨师眼疾手快，一分钟都不歇息，旁边还有两个人在帮忙打包，不一会儿，就排到了我，顺利取到了餐。
>
> 再来到这位学员的店里，同样是交钱、拿号码牌、等候。在等候的时候，我才发现，这位学员家的店的厨师操着自己的节奏，不紧不慢地在厨房操作着。我前面只有三个人，却足足等了五分钟。

这就是两家店的差距，地段差不多、味道差不多，一个异常火爆，一个却冷冷清清。从这件事情，我们可以悟出一个道理：创业者，决定自己生意好坏、成交高低的，除了创意、模式、管理、服务之外，还有一个非常重要的因素，那就是做事情的速度。同样在赛跑，你跑得比别人慢了，就注定输了。

天下武功，唯快不破。对于创业者来讲，为了获得更高盈利，需要提速前行。当然，我们在追求速度的同时，也不可以忽略品质。在追求合理速度的前提下，认真对待产品品质，这是一个成功创业者应有的态度。

顺风顺水时更要未雨绸缪

创业微语录

> 凡事预则立，不预则废。越是善于准备的人，离成功越近。创业者必须未雨绸缪，否则幸运之神降临时，你却没有做好准备迎接它，它就会从大门进来，从窗户飞走。尤其在你寻找机会的时候，更要未雨绸缪。

创业者中，有不少人发现自己走着走着，离成功越来越远。是什么原因造成的呢？

有的人因为鲁莽行事，特别是在创业的起步阶段，就没有做好准备工作，最终造成一步错，步步错。

有的人虽然创业前期做了很多准备工作，创业初期也能顺风顺水，但他们却忘记了未雨绸缪是一件需要长期坚持的事情。到头来，"顺风顺水"也只是昙花一现。

在事情发生之前就做好充足准备，是应对危机和困难的明智之举。在企业发展最好的时候，依然能做到居安思危、未雨绸缪，这样的人更具智慧。

老王是我认识的创业者中，最具未雨绸缪意识的一个。老王家庭富足，他很懂车，认为一辆好车，必须有好的轮胎，才能在路上安全驰骋。所以，即便他做一份普通工作就能衣食无忧，也依旧想创立自己的事业，开一家轮胎公司。老王很早就有准备意识。在正式进入创业阶段前，自知最缺乏的就是必备的知识和经验，他亲自到别人的轮胎厂打工。他认为，这里是他储备知识和付诸实践最好的地方。两年后，他认为时机已到，就辞职，正式开始自己的创业生涯。果然，前期的学习、努力和准备没有白费。很快，老王的生意就做得风生水起。但老王却认为：虽然公司的发展蒸蒸日上，却依旧有很多方面需要提升，否则迟早会被市场所淘汰。于是他出国学习先进的轮胎生产技术。学成后，经过技术融合和创新，老王生产出来的轮胎经久耐用、性能高效，深受市场青睐。至此，老王在事业上获得了更大的成功。

创业路上，亡羊补牢的人多，提前加固羊圈的人却很少。所以，我经常强调：永远在天晴的时候修屋顶，在公司成长和发展最好的时候做变革。虽然说未雨绸缪并不一定百分之百能够让我们取得成功，但它至少能提升我们创业成功的概率。如果我们能做到持久地未雨绸缪，在危机发生之前就寻求新的出路，那么就会规避很多风险。

在最好的时候，如何做好未雨绸缪呢？

1. 不断学习新知识和新技术

在这个瞬息万变的时代，互联网科技的到来缩短了更新换代的周期，加快了产品的迭代创新速度，尤其是科技企业，在这方面遇到更加严峻的挑战。一个百年企业倒下，往往只需要几个月。要想不在市场中轰然倒下，最好的方法就是用新知来丰盈自己、用新技术填充产品在市场中的空白。产品时刻保鲜，企业才能降低竞争风险。

2. 分析优秀竞争对手的缺口

竞争对手看似是敌人，却是值得我们学习的最好的老师。要时刻关注优秀竞争对手的动向，分析优秀竞争对手的不足。优秀竞争对手的缺口就是我们的风口。要研究目前优秀竞争对手有哪些地方没做、没做到、没做好，这些就是你需要未雨绸缪的地方。

人无远虑，必有近忧。这种未雨绸缪的意识，能够使得创业者即便站在更高的地方，也能想得长、看得远，这样的人才能一往无前。

实战篇

3

第三章
创业者要具备的十二大能力

> 人人都想成为卓越的创业者,但并不是任何人都能随随便便成为自己想成为的样子。真正伟大的创业者,必须具备一定的能力,才能带领企业一路披荆斩棘,开拓出一条通往成功的路。

造梦力：不懂造梦，你将一无所成

> **创业微语录**
>
> 即便是再渺小、再平凡的人，都应该有一个大大的梦想；即便这个梦想被人看作是异想天开，被认为难以实现，但那样又如何？要知道，人生有梦想，才会有追求。创业是实现梦想的最好方式。不懂造梦，你将一无所成。

一个创业者最大的痛苦，不是赔钱，不是失败，不是自己的出身有多么悲惨和不幸，而是没有梦想。没有梦想，也便没有为了梦想不遗余力的创业动力，就像行尸走肉一般，每天被动而无奈。一个不敢想、不敢做的人，注定没有丝毫成长，没有丝毫建树。

创业者，必须是一个好的造梦者，必须要有梦想。有了梦想，才能把大家组织和凝聚在一起，为了一个共同目标而努力奋斗，才能创造出奇迹。

人因梦想而伟大，创业者不仅要懂得造梦，学会对于梦想的建设，还应当学会如何实现梦想。

1. 构建梦想

创业者该如何给自己造梦呢？就这个问题，我给出两点建议：

（1）梦想需要结合自身情况与市场趋势

创业者因梦想而创业，梦想就是创业者付诸实践的出发点和方向。因此，创业者给自己造的梦，一定要结合自身情况（包括兴趣、爱好、特长、资源等）和市场趋势。创业者要有梦想而不是幻想，梦想是鼓励创业者不断前行的动力，而不切实际的幻想只会干扰创业者的思维和选择。如果梦想与实践难以契合，在追逐梦想的过程中，会让创业者感到困难重重。

（2）有远大的整体梦想的同时也要有当下的局部梦想

创业不是一件一蹴而就的事情，需要徐徐图之。创业者既要有一个远大的整体梦想，也要有当下的局部梦想。远大的梦想是创业者的终极目标，如果将其划分为多个局部梦想，实现起来就会感到轻松很多，而且每实现一个小梦想，就会给创业者带来更多的信心。

2. 达成梦想

梦想对于每一个人都是平等的，人人都可以给自己造梦。但创业者该如何达成自己的梦想呢？我总结出了一个公式：**梦想实现 = 思维 × 信念 × 行动**。

（1）思维

如果用分数表示的话，信念和行动可以计为0~100分；而思维方式则计为100分和-100分两种。

不论你的信念和行动是多少分，如果你的思维方式是正确的，那么你的梦想实现的得分则为正数；如果你的思维方式是错误的，无论你的信念和行动分数有多高，你的梦想实现的分数都是负数，都难以达成。思维方式决定了梦想达成的高度。

（2）信念

信念分为两种：一种是正向信念，一种是负向信念。当你有了正向信念时，你就会成为命运的主人，掌控梦想实现的方向。否则，就会成为命运的奴隶，被命运牵着鼻子走。

（3）行动

梦想与现实之间差的就是执行力、行动力。如果没有行动，美好的梦想，终会成为美好的幻想。

其实，每一个成功的创业者，都是一个伟大的造梦者。梦想有多大，格局就有多大，事业就有多强。

模式力：好的模式才能造就好的企业

创业微语录

当今企业之间的竞争，不是产品之间的竞争，而是商业模式之间的竞争。好的模式才能造就好的企业。每个创业者都要为公司打造好的商业模式，形成坚实的竞争壁垒。

在谈及企业发展和竞争实力高低时，我发现，很多失败的创业者中，23%是由于战略失败造成的，28%是由于执行力不够导致的，但有49%是由于没有找到好的商业模式而最终夭折的。

这就是说，不论你的企业规模有多大、产品有多优秀、资产有多雄厚，没有一个好的商业模式，最终就会走向衰亡。

什么是商业模式？通俗来讲，商业模式就是赚钱的模式。我对商业模式的理解打个比方就是：你在8岁的时候，就能知道你在80岁的时候要活成什么样子。商业模式包括战略模式、盈利模式、运营模式、投资模式等。这些都关系到一个企业的兴衰存亡。作为创业者，必须具备优化商业模式的能力。

我认为，设计商业模式并没有想象得那么困难，创业者只要把握以下几点，就能迅速上道。

1. 要有全局意识

商业模式是对企业整体发展、布局的一种把控形式。所以，创业者要有全局意识。一个企业，虽然部门众多，业务众多，但在制订商业模式时，一定要将企业看作一个整体，不能只注重某个核心部门、核心产品、核心渠道，要学会打"组合拳"，从而达到商业效益的最大化。

> 肖强是一名地地道道的果农，年轻的时候果子都是直接批发给经销商，经销商拿货越多，批发价格越低，对于肖强来说，越不盈利。后来互联网出现了，很多果农线上、线下两条腿走路。可是肖强上了年纪，认为互联网是年轻人的天下，自己玩不转，不适合自己。但是看着其他果农实现线上线下一体化，生意越来越好，再看看自己的效益，肖强内心还是十分焦虑的，觉得不换个模式是不行了。后来，在儿子的帮助下，他打通了电商渠道，通过融合"电商+传统渠道"的商业模式，实现了商业模式的升级和完善。再加上他家的果子本身品质过硬，没过多久，就在业界获得了很好的声誉，业绩增长也十分惊人。
>
> 要不是肖强逐渐树立起全局意识，他的生意也不会实现商业模式升级，更不会有成功立足于市场的机会。

2. 具备敏锐的市场洞察力

创业者应当具备敏锐的市场洞察力，尤其是对商机的快速反应。如果你在与几个朋友聊天的过程中，能从他们的聊天内容中洞察到商机、发现很好的商业模式，那么你就具备很好的商业嗅觉。因此，一定要做一个有心的商人，训练自己要像猎犬一样嗅觉灵敏，练习自己敏锐的市场洞察力。好的商业模式，并不是毫无根据、拍脑袋想出来的，需要敏锐的市场洞察力、良好的判断力做前提。

3. 懂得打破陈规

市场永远在动态发展中前行。当市场达到饱和时，就需要寻求新的商业模式进行颠覆和变革，所以，创业者在制订商业模式时，还需要懂得打破陈规、勇于创新。

4. 对未来做好规划

商业模式，就像是企业发展的商业版图，只有线路清晰，才能知道接下来的每一步该向左走还是向右走。对未来做好规划，你的商业模式才更有意义。

商业模式设计是企业获取经济效益的必要条件，创业者一定要有眼界、有眼光、有魄力，将商业模式从设计层面真正扩展到操作层面，才能让企业实实在在获益。

建队力：不会带团队，你就只有自己干到死

创业微语录

作为一个优秀的创业者，要想创造些成果出来，真正需要做的是创建一个优秀的团队。因为，成功的创业者从来都不会单打独斗。

创业者要想成功，单靠自己的力量是远远不够的。小成功靠个人，大成功靠团队。不懂得组团队、带团队，你就只有亲力亲为，自己干到死。

姜晓峰是一位年轻的企业家，早年间他开始创业，开了一家私人口腔医院，由于他在这方面有很强的专业性，再加上他的一股拼劲，做什么事情都亲力亲为，因为他担心自己手底下的人做不好、做不完美。半年下来，虽然给每位患者治疗零失误，但姜晓峰却觉得自己身心疲惫，为什么别人创业越干越轻松，自己创业却越干越累？他来找我，希望能解开自己的困惑。在了解姜晓峰每天的工作之后，我找到了问题所在。

给患者做最好的治疗，这种心态是极好的。但如果任何事情都亲自去做，不想着如何带团队，如何提升员工能力，不想着如何让手底下的人帮自己解决问题、减轻工作负荷，那么最终受累的只能是自己。

在明白了问题的症结之后，姜晓峰每天拿出一部分时间给员工做专业培训，并大胆将工作交给员工去做，虽然其间也出现过很多问题，但员工都得到了成长，能够独当一面。员工上道，姜晓峰的工作自然也就

> 轻松了很多，他有更多的时间去思考如何拓展业务、增效增益。如今，姜晓峰已经在当地开了好几家连锁口腔医院。

创业者要想让企业不断变好，就要具备建设优秀团队的能力，带出一个具有凝聚力、战斗力的优秀团队。

作为一个创业者，首先要明确什么是"带团队"。我认为，所谓的带团队，分为两个部分：一是"带未来"，二是"带成效"。如何理解这两点呢？

1."带未来"

很多老板带团队出问题，其实是因为员工跟着他看不到未来。在员工心中，一个没有未来、不能给自己带来未来的公司，他所做的一切努力都是在浪费自己的时间和精力；而一个能看得见未来，能给自己带来未来的公司，他所做的一切努力都有助于自己的成长，有助于自己能力的提升，是在投资。

所以，创业者带团队，要解决的第一个问题，就是"带未来"的问题。如果一帮人跟着你干，没未来，就会出现很多问题。很多创业者在带团队时，只注重员工的薪酬有多少、业绩是否达标、执行是否到位等，把带团队错误地做成了团队管理，却忽视了对员工能力的提升和员工对未来的期待。这样的创业者，只适合做管理者，不适合做领导者。

2."带成效"

员工之所以愿意跟着你干，一是为了实现自我提升，二是为了获得物质需求的满足。因此，带团队要解决的第二个问题，就是"带成效"。这里的"带成效"就是让员工有钱赚。对于员工而言，"有钱赚"并不是赚大钱，并不是大富大贵，而是根据自己的能力，获得相匹配、相对等，甚至是与同行水平相比较高的薪资，以及获得一定的优越感。优秀的创业者带团队，懂得既要让马儿跑，又要给马儿吃好草。

能够懂得并做到以上两点的创业者，才能称之为优秀的创业者，才能留住人才，带出更加优秀的团队。

融资力：玩转资本，才能成就未来

创业微语录

> 对于创业者，尤其是白手起家的创业者来说，缺乏创业资金，即便项目再好，也会导致失败。创业其实是对创业者玩转资本能力的一种考验。撬动资本杠杆，才能成就未来。

对于创业者来说，创业资金非常重要。很多创业者本身没有足够的启动资金，就需要找人融资，通俗一点说就是找人筹钱。

但如何才能让投资人心甘情愿地把真金白银拿出来投资你的项目？这不是一件易事。没有谁的钱是大风刮来的，也没有谁会把自己的腰包里的钱随随便便掏给别人。所以，创业者要想让自己的项目快速、顺利启动，还需要具备很好的融资能力。

我认为，创业者想要融资成功，需要具备以下几个特质：

1. 务实

创业者融资，最基本的素养就是要务实。这里的务实，包括坦诚面对自己和他人两个方面。

对自己而言，一定要脚踏实地，不能为了盲目扩大规模，而盲目融资。

对他人而言，一定要实事求是，不向投资人隐瞒或吹嘘。

2. 乐观

创业，最难的事情，一是打造大众需要的产品，二是融资。融资是一个你情我愿的事情。对于绝大多数创业者而言，投资人的投资行为会经常表现得变幻莫测。很可能上午答应立刻与你签订融资协议，下午就变了卦。他们投资一个公司，往往会经过各种调查和纠结之后才能做决定。很多时候，创业者的士气会被这种挫败感所浇灭，但不要忽略了失败中可能包含的有价值的东西，即便没有融资成功，创业者也应当保持乐观的心态，认真、理性分析被拒绝的原因，并做有针对性的改进与提升。相信做任何事情，只要用心从细节处做思考和分析，就一定能积累超群的实力。

3. 好学

融资并不是一件简单到可以随便的事情，需要通过务实的态度和理性的思考做调查和研究，包括用户需求的变化、竞品的特点、市场变化的趋势等，然后虚心学习，再结合自身表现和业绩，进行相应的改进。你若盛开，蝴蝶自来，成功融资也会变得容易很多。

很多项目融资没有成功，创业者并没有意识到自己的问题，反而会认为是投资人眼光的问题，然后急着去找下一个投资人，以至于把所有精力都放在融资上，无心打理自己的产品，无暇顾及自己的业绩。

我在这里告诫一下创业者：工欲善其事，必先利其器。你只有先把自己的核心产品做好、打造好自己的核心能力、构建好成熟的商业模式、占据更多的市场份额，再加上自己的务实、乐观与好学，融资才会水到渠成。

领导力：好的领导，无须用职位压人

创业微语录

一艘向前行驶的航船，谁都可以作舵手，但只有领导者才能设定航线。好的领导者，往往能看得比别人多、看得比别人远。他们更懂得整艘航船如何才能快速行驶到彼岸，他们在困难和危险浮出水面之前就能预见困难和危险的存在，他们有能力把人更快、更稳地带到想要到达的任何地方。

很多人问过我这样一个问题：很多当老板的人，为什么他们智商不高、学历不高、情商不高，但一旦当上了老板，却各方面做得都很好？很多创业者，为什么他们缺钱、缺人、缺资源，却能带领整个企业从一无所有到蒸蒸日上？为什么我自己什么都有，我创业却难以取得成功？

其实，这个现象并不难理解。创业过程中，智商不高、学历不高、情商不高，可以借助他人的优势来弥补；缺钱、缺人、缺资源，可以通过外界的帮助来实现；但创业者要想把整个企业带到一个更好的发展方向，靠的就是良好的领导力。

领导力对于一个创业公司来讲十分关键。在创业之初，重视领导力提升的创业者，在未来几年内也是成长最快的。

什么是"领导力"？领导力，是一种激发员工热情与想象力的能力，是率领一群人去实现目标和理想的能力。很多人认为，领导力就是领导者每天富有激情地在员工当中喊口号，让员工听指挥。其实，这种观点是片面的。喊口号只是口头上号召,不一定可以让员工心甘情愿地追随你,和你一起实现目标和理想。

对于领导力的定义,我认为,领导力=驱动别人+完成你的想法。创业者要想提升自己的领导力,就要做好两件事情。

1. 驱动别人

很多时候,并不是你的员工做事不动脑、不用心,而是你的领导力不足,赋予员工的驱动力不足。如何驱动员工为你做事呢?

(1)激励驱动

满足员工渴望得到的,才最具驱动力。员工出来打工,目的很明确,首先是为了赚钱充盈自己的钱包,其次是为了提升自身能力和价值,最后是其他方面需求的满足。所以,用激励政策驱动员工,员工需要什么就激励什么,这种方式最直接,也最有效。只要激励做得好,员工也是十分愿意去努力工作来争取的。这样,一来驱动员工的目的达到了,二来也体现了创业者的领导力。

> 我曾经应邀到一家服装连锁企业去走访。我问店里的销售员一个月的销售目标是多少?她回答:"大概5000元吧,每个月的目标不同,所以记得不是很清楚。"从这个销售员回答的态度来看,显然她并不看重自己的目标,因为她的工资是传统底薪+提成模式,所以员工只关心自己挣了多少,却对目标的存在感不强烈。
>
> 我去一个朋友开的饭店吃饭时,在谈到激励问题时,朋友告诉我,他在全国20多家连锁店里,都设置了一个清晰的营业额目标。每个店如果每天都能达到目标,每位员工都会得到50元奖励,在当天打钱,店长会对当天的营业额完成情况做一个总结,如果完成了当天的目标,店长会亲自把奖励发到每个员工手中。因此,朋友的每一家连锁店,上至店长,下至保洁,每个人都十分关注每天的营业额目标。因为他们做得好就可以拿到实实在在的奖励。

这就是有激励驱动和没激励驱动的区别，员工工作的积极性和热情全体现于此。

（2）文化驱动

文化虽然不如激励让人心动，但文化的力量不容小觑。每个企业，无论大小，都有自己的文化。不同企业，文化也各不相同。

文化是一种看不见、摸不着的东西，它却不只存在于员工的思想中，还存在于他们的情感中。好的企业文化能轻松影响员工，让员工产生情感共鸣，并愿意心甘情愿效命于你。

> 比如，华为是一个十分注重文化的企业。
>
> 华为的"狼性文化"很出名，华为人的战斗力十分强悍，所以造就了华为有目共睹的成就。
>
> 华为的核心文化是"以奋斗者为本"，华为的每一位辛勤劳动的员工，都是"奋斗者"。显然这一文化是立足于员工而定的，将员工放在了一个十分重要的位置，因此能让员工产生情感共鸣和归属感，愿意为华为而奋斗。

企业文化是企业的灵魂，任何一个优秀的企业，都需要企业文化的支撑，都需要文化来驱动每一位员工，自愿做自我提升、自愿为实现企业目标而奋斗。这体现的是一个领导者的智慧。

2. 完成你的想法

很多老板会抱怨，对员工的驱动力已经很强了，但依旧没有完成自己的想法，问题究竟出在了哪里？其实，这与你的想法不无关系。在员工有足够的驱动力时，创业者还需要审视自己在传递想法的方法上是否具有科学性和合理性。

（1）明示想法

很多老板喜欢让员工猜他的真实意图，认为这样能考验员工是否聪慧，也能彰显自己的领导者身份。没有谁愿意用猜老板心思的方法得到意外之喜，既浪费时间又烧脑，如果猜不对还很不讨好。所以，老板一定要明确告知员工，你想让他们做什么，想要让他们做到什么程度，并且要表达对他们的期待。这样，员工有很强的驱动力，有很强的目标指向性和很明确的目标完成度，自然在工作的时候会目的更加明确，投入的积极性会更高。

（2）实事求是

不要认为，只要员工有很强的驱动力，就会所向披靡，任何事情都能很好地完成。事情是否能完成，除了员工的驱动力之外，还需要考量事情的难易程度是否远超员工的能力范围。如果甩给员工一个根本不可能完成的任务，即便员工再努力，也难以达成目标。在给员工任务之前，一定要思考你的想法是否切合实际，是否实事求是。

> 比如，要求员工本月销售额比上月增长20倍，显然是一件不切实际的事情，反而会打消员工的积极性。

创业者的真正领导力，不是用职位压人，而是靠自己的能力赢得的。 创业者要不断加强自己的领导能力，用科学、合理的方法来驱动员工的工作激情和热情，给员工以奋进的力量，发挥 1+1>2 的能量。

产品力：创业者首先要做好产品经理

> **创业微语录**
>
> 好产品是打开市场的一个有力武器。每一个创业者，首先应该做好产品经理。懂得客户需求、明确自身产品优势，才能把自己的产品更好地推出去，并占据有利的市场地位。

任何一个企业进入市场，都需要产品。对于创业者来说，既是领导者，也要扮演好产品经理的角色，要具备良好的产品力。尤其在创业初期，公司没有产品经理，创业者要像产品经理一样思考，否则公司想要做起来，难度极大。

一名合格的产品经理，不但负责策划与产品有关的活动并制定产品营销目标和策略，包括对消费者、竞争者、外部环境的分析等，而且需要与其他部门合作，包括研发部、生产部、销售部、财务部等，获得各部门的支持与协助。这就意味着，创业者要想成为一名优秀的产品经理，情商、责任感、协作精神、担当精神、专业能力都很重要，直接影响企业的运营成本、团队信心、项目进展。

在我看来，创业者要想成为一名很好的产品经理，要想提升产品力，首先要提升以下几方面的能力：

1. 洞察本质的能力

洞察事物本质的能力，是一个优秀的高阶产品经理的必备技能。打造产品的目的，就是为了解决用户的需求和痛点，这就需要创业者能够通过用户的需求和痛点洞察到其背后的真正原因。这些原因，才是打造产品、创新产品的出发点和入手点。

对此，我有如下建议：

①创业者作为产品经理，要深入一线，接触更多的用户，做最了解用户的人。

②创业者应当多思考用户说的话，多问自己几个问题，如"用户为什么这么说""用户想要表达的是什么"。记住一句话：众生皆平等。只有站在与用户一样的高度，才能真正明白用户心中所想。

2. 解决问题的能力

在发现用户需求和痛点背后的原因后，如何更好地为用户解决这些问题，是对创业者作为产品经理的一种考验。现实中，总是发现问题、提出问题的人多，而真正能够解决问题、提出建设性意见的人却很少。

创业者仅仅有解决问题的决心还不够，更需要具备解决问题的能力。优秀的产品经理，知道自己该怎么做、从何处下手。他们针对问题，提出多个解决方案，并带领团队去一一落实；他们敢于试错，善于及时反省，即便遇到挫败，也能及时调整问题解决方案，直到找到最优方案。这样的产品经理，才真正具有极高的解决问题的能力。

3. 掌控过程的能力

创业老板和产品经理之间一个最大的区别在于：创业老板把控全局，关注的是结果是否满意和目标是否达成；产品经理掌控的是产品从用户需求到用户需求满足的整个过程，关注的是有关产品的每个细节和流程，尤其是用户的实时反馈。

事实上，大多数优秀的创业者，像小米科技的雷军、苹果的乔布斯，都具有极高的产品力，都是优秀的产品经理。做好以上三方面的提升，你也可以成为像他们一样优秀的人。一个真正能够带领产品向前发展的产品经理，是被人敬仰的。

营销力：不懂营销是创业者最大的失误

> **创业微语录**
>
> 营销是企业发展的生命线。创业者作为企业全局的把控者，不懂营销、没有好的营销能力，产品就很难打开市场，这是创业者最大的失误。

这是一个注重流量的时代。一个企业，尤其是一个初创企业，对于流量的重要性应当十分重视。没有流量，很难积累大规模用户，更难以快速引爆市场。所以，提升营销能力、利用一切可用资源突破流量瓶颈，是每个创业者的必修课。

营销的目的，就是打造良好的产品形象，然后把产品卖出去。当前，很多企业的营销模式还是秉承传统模式，简单而言，就是先研发设计、制造产品或服务，然后再借助户外海报、明星代言，或电视、报纸广告，以及网站、媒体广告等向人们展示产品或服务，然后用打折、降价、满赠等方式将产品想方设法推销出去。这样的模式营销味道很浓，而且大量的资金用于投放广告、买流量、发放用户补贴等，显然是一种疯狂烧钱模式，容易给创业企业带来风险。

很多创业者说现在生意越来越难做，我也反思过这个问题。我发现，生意越来越难做，本质上是营销模式出了问题。传统营销模式太过烧钱，其实念歪了营销这门经，并不是真正的营销。业内人士看来，营销的最高境界，就是让客户主动说"买"。但我眼中，营销的最高境界是"不营而销"。能做到"不营而销"的创业者，才是真正的营销高手。

创业者如何才能成为营销高手,做到"不营而销"呢?我认为最好的方法有下面两种:

1. 帮助客户解决问题

卖东西,本身就是帮助客户解决问题,你一旦做到了这一点,客户自然会蜂拥而至。所以说,"卖产品"的销售方法已经过时了,取而代之的是"卖解决方案",谁能够为客户解决问题、提供切实可行的方法,谁才能赢得客户的心。帮助客户解决问题,别人才愿意在你融入产品的方案上付费,你的产品才会有竞争力。

> 张军是做运动器材生意的,他除了线下实体店之外,还在快手直播间销售产品。但直播间带货没人气,销量更是寥寥无几,生意毫无起色。后来,他转变了营销模式,干脆不以带货的形式做直播,而是向用户免费提供一些健身塑身方法。很多进来围观的用户表现出极大的兴趣,并纷纷咨询张军在直播间用的健身器材在哪里可以买到,这样他的产品也就自然而然地卖了出去。

2. 讲一个好的产品故事

讲一个与产品理念相契合的故事,远比你在那里烧钱做广告向消费者介绍产品细节的效果要好得多。一个好的故事,可以很好地吸引目标消费者,在消费者感受故事情节的过程中,潜移默化地完成产品信息在消费者心中的植入。

换句话说,讲故事的方式可以很好地赢得消费者的好感,让其记住和认同产品,成为产品的购买者。什么样的故事才能做到这一点呢?

(1) 故事情节有冲突

平淡无奇的故事自然给人乏味感。有冲突、有矛盾、有高潮、有低谷的故事,才更能引人入胜,勾起他们产生持续关注的热情。这样,故事中植入的产品才能在消费者大脑中留下深刻的印记,让消费者有同种产品需求的时候,第一个就会想起你的产品。

（2）营造消费者体验

当前，一切产品的打造都围绕"体验为王"进行，产品的功能和质量如何，真实的体验感受可以让消费者了然于胸。好的产品故事需要营造一种消费者体验的氛围，让消费者产生一种看了就想买的欲望。

这两种方法牢牢抓住了营销的本质——发现并满足需求。人之所以产生购买行为，是因为他有某种问题需要解决或某种精神、情感需求需要满足，如果他发现你的产品、服务恰好能够帮到他，他自然会跟你做生意。能做到"发现需求""满足需求"这两点，你在做营销的时候就不会迷茫。

管理力：练好内功就得会管理

创业微语录

> 创业开公司，本身就是在经营一个有纪律、有制度的组织。所以，对于创业者来讲，既要有为整个企业发展前景筹谋和规划的眼光，还要有对整个企业组织管理和驾驭的能力。可以说，管理是一门学问，也是一门艺术，创业者管理做得好，公司效益才会高。

一个好的创业者，也必须是一个好的管理者。很多创业者将更多的精力放在技术、产品的创新上，却忽视了管理能力的提升。

有不少初创企业的老板问我：创业初期，需要顾及的方面太多，没有那么多精力，可不可以请专业的管理者来管理公司？可以。但在我所认识的创业者中，很少有不懂管理的人能够取得成功。所以，不论做的是什么行业，在初创期，犯错误的机会特别多，小错误可以让创业者与员工达成共识重新调整和提升，大错误可以使一个公司就此垮掉。所以，创业初期，是创业者的一个练内功阶段，一定要亲力亲为，狠抓管理，提升自己的管理能力。当企业的发展进入成长阶段后，一切趋于稳定发展，此时再找专业的管理人员去接管，是没有问题的。

对于如何提升创业者的管理能力，我认为以下几方面必须加强：

1. 提升沟通能力

管理就需要与他人交往和沟通，所以表达能力是创业者必须提升的一个重要方面。管理的本质就是管人心，对人心的掌握。在与员工沟通的时候，要表现出足够的真诚，能够研究和理解对方的心理，获得理想的人际关系。

2. 增强应变能力

在管理的过程中，会遇到各种难以预料的事情，如员工矛盾等，管理者必须具备随机应变的能力，能够冷静并合理地处理这些突如其来的变化和问题。

3. 增强创新能力

创业环境在不断发生变化，创业者在做管理的时候，也应当与时俱进，不断开拓自己的创新意识，提升自己的创新能力。如果只拘泥于传统管理方式和方法，企业只会越来越走下坡路。

4. 提升时间把控能力

时间就是金钱。创业者做管理，要高度注重时效性，要合理安排工作，妥善利用自己的时间。比如，设计合理的工作秩序，提升工作效率；形成记录日常事务的好习惯，有效节约工作时间等。

5. 增强信息处理能力

现代社会，信息变得越来越重要。在工作中，员工只是信息流的接触者，信息流汇总的工作都应当由管理者来做。因此，创业者应当提升自己处理信息的能力，包括对信息的判断能力、筛选能力、决策能力、加工能力等。

6. 提升组织和用人能力

在管理的过程中，策划、指挥、调度和安排员工是管理者的日常工作任务，体现的是管理者的良好组织能力。懂得充分利用员工的能力和才华、扶持员工成长的管理者，在自身优秀的同时，也会帮助员工越来越优秀。

初创公司的老板，应当有提升自己管理能力的意识，好的管理可以有效提升初创公司的成活率。练好管理内功，无论对于什么行业的创业者，都是有益的事情。

创业破局：读懂创业的底层逻辑

创新力：不创新，意味着死亡

创业微语录

很多人做生意就是死做——服务不创新、营销不创新、产品不创新；想创业，却没能力去开创新的东西，生意只能越做越糟糕。不创新，就意味着死亡。

创新能力是打破固有的能力。但并不是每个人都具有创新能力。具有创新能力的创业者才配称为"企业家"。

创业者的创新能力，应当包括创造性思维、创造性想象和捕捉灵感的能力。在创业过程中，每一个环节都需要创新，研发、生产、销售、管理各岗位上的人，缺乏创新能力的人注定会遭到同行严峻的挑战。优秀的创业者更具创新精神，能够做到与时俱进，他们比没有创新能力的创业者具备更多的优势，他们会让企业快速进入发展阶段，并获得较强的竞争力。

我有一个同乡，在与朋友合伙创业之前，进过厂，摆过地摊，啃过馒头，后来他进了一家大型超市做理货员。由于他爱学习，又勤奋，没多久就对货品了如指掌。由于他脑子活，干活喜欢搞一些小创新，懂得如何做商品陈列，能更好地提升产品销量，于是很快就被提升为业务员。跑业务期间，他也没闲着，很快就摸清了整个行业，不到几年时间就做到了业务经理的位置。他这一路走来，可谓顺风顺水，不但工资翻了好

第三章 创业者要具备的十二大能力

> 几倍，还积累了大量的人脉。
>
> 之后，他就出来自己单干，和朋友一起开了一家连锁超市。他觉得之前他工作过的那家大型超市业务模式不够完善，存在很多弊端。比如那些上班族忙碌一天后，因为去超市买菜又远又累，就索性把消费转向了外卖市场，所以，他就找人做了App软件，开通了线上24小时送货服务，这样，上班族下班路上下单，等自己回到家时，线上购买的晚餐食材也送到了家中，省时省事。他进行的这种业务创新，直接把生意做到了客户的家门口，很受客户青睐，随着连锁店不断拓展，目前利润越来越可观。

每一个优秀的创业者，他们能够取得成功并不是偶然。不走老路，不随大流，敢于创新，才能在竞争中脱颖而出。我可以毫不夸张地说：任何生意，只要半年至一年时间内，没有做创新，这就是一个危险信号。没有创新，就难以在市场上站稳脚跟。

也有很多创业者认为：创新是大公司的事情，等到公司发展壮大之后再去做创新，在创业初期资金短缺、人才不足，不适合大张旗鼓搞创新，只要做一下模仿和跟随让公司先活下来就好了。这样的想法其实是错误的。越是在最艰难的时刻，越是在初创期，越需要创业者发挥自己的创新能力，大胆创新。初创企业在夹缝中生存，如果没有一技之长，没有拿得出手的产品去竞争，只能是死路一条。作为后来者，唯有创新才是最好的出路。

我可以十分肯定地说：创业对于创业者的创新能力是有极高的要求的。对于创业者创新能力的培养和提升，我认为需要做到以下几点：

1. 增加自我见识

创新能力的提升需要建立在见识之上。古人有云："胸有成竹。"在画竹子之前，你一定要先见过竹子。当你长了这么多见识的时候，你的创新灵感也就自然像泉水一样涌现出来，创新能力也会随之得到提升。

2. 善于总结经验

很多时候，创新并不一定是颠覆，而是在原有的基础上进行再创造。因此，创业者需要培养自己善于总结的习惯，分析前人的失败，总结出失败原因，找到问题解决的方法，这样的创新更容易成功。

3. 提升自己的胆量

创业商机可遇不可求，稍纵即逝。除了有智慧和眼光之外，还要做一个敢于吃螃蟹的人，敢于尝试、敢于实践。商机来了却没抓住，是创业最大的败笔。

创业中，创业者一定要适度用好手中的这把创新之剑。虽说不创新就意味着死亡，但也不能为了创新而创新。在我看来，创新对于创业者来说，不是目的，而是手段。能够真正得到市场和用户认可的创新，弥足珍贵。

演讲力：创业者就是企业的代言人

创业微语录

自古以来，做生意靠吆喝，吆喝就是给生意做演说、做宣讲。创业者欲成大事，必先学会吆喝，学会给企业做代言。

创业并不是一件闷头苦干的事情，而是在更多的交流、宣传中提升自己的知名度和存在感，进而影响他人。创业者做营销、做管理、搞经营的过程中，小到公司动员大会、职业培训，大到发布会、商务谈判等场合，都需要抛头露面，打动别人。

演讲力绝非单纯的演讲。每一次演讲，都是为了后续影响他人做铺垫。我认为，演讲力的核心目标是"把话说出去，把心收回来"。很多人说了半生的话，却只是在说话，忽略了要影响他人。在这个世界上，如果客户的脑子里装着你的想法，那他就是你的人；如果员工的脑子里装着你的思想，那么他也是你的人。你影响别人的程度和影响别人的速度，决定了你的规模高度和盈利速度。

当然，并不是每个人都是演讲天才，都能够讲出触动灵魂的话语，很多人的演讲能力都是通过后天培养习得的。通过运用强大的演说能力和技巧，不但可以建立自己的事业，还能一路扶摇直上，实现自己的人生价值。每一个创业者，都必须成为一个优秀的演说家。

作为一个创业者，具备好的演讲能力是对企业的代言，更是营销天赋的直接加成。

乔布斯可谓是演讲大师级人物，国内很多互联网企业在很早的时候就开始在这方面向他学习，小米科技的创始人雷军就是以发布会取胜的最好例子。

就拿我自己来说，这几年我一直在做课程培训，我所接触的人当中，有70%的人是创业者或公司老板，20%的人是企业中的高层管理者，10%的人是希望自我提升的普通员工。我的责任是通过自己的演讲能力影响他们，给他们带来力所能及的帮助。当然，我并不是在这里自诩天才，而是在说明一个事实：演说表达能力对一个人的重要性。如果一个创业者的演讲能力足够强，他就可以影响更多的人，给公司带来更多的价值。

一场能够给人带来深刻影响的演讲，是一个人能力和魅力的体现。我认为，创业者演讲能力的提升，可以从以下几个方面勤加修行：

1. 清晰表达的能力

在演讲的过程中，能够逻辑清晰地表达自己的意图，把话说清楚，让对方听明白，是一个创业者必备的能力。有思想但不会表达的人，等于没有思想。

2. 抢占注意力的能力

人们每天被铺天盖地的信息和媒介所淹没，时间成为人们最宝贵的资源。谁能够抢占人们的注意力和时间，谁就率先抢占了最强的资源。

3. 论证观点的能力

论证观点的能力，即演讲过程中对客观事实提出观点并进行论证的能力。在论证观点的时候，要左脑逻辑、右脑情商，数字认证、引用论证＋情感引导，双管齐下才更有说服力，更能深入人心。

创业者不断提升演讲能力是最好的自我投资方式。良好的演说能力，可以创造产品价值，传递产品价值，获得客户认可。你的思想传播得有多远，你的事业舞台就有多大。

第三章 创业者要具备的十二大能力

危机力：没有危机感，就是最大的危机

创业微语录

对于绝大多数商人来讲，在危机来临的时刻，需要坚忍并快速自救。但对于精通商道的人来讲，他们时刻保持危机意识，并将这种危机感深入内心，从来不会有片刻放松。每一个创业者，都应当具备警惕危机的能力。

创业路上，没有一帆风顺，只有那些经历过危机，并最终度过危机的企业，才能称得上强大的企业。但我认为，那些知道创业的艰辛，时刻充满危机感的企业，才能算作伟大的企业。

我无论在打工时期还是现在，都时刻告诫自己：没有危机感，就是最大的危机。

回想起我早年打工的时候，我至少连续两个月的时间是不敢休班的。因为我觉得还没有在公司构建起我的核心印象，还没有打下属于我的江山，没有稳定感，没有安全感，还没有绝对占据老板心中的主要位置。如果中间我任何一天休班，都有可能使我在老板心中的印象下滑。

没有危机感的人，永远活在危机中。所有生活中有危机的人，都是因为长期没有危机感所导致的。一个有危机感的人，必定是有远见的人，一般不会让危机发生在自己身上。因为在危机还没来临之前，他就已经把危机解决了。但是，有多少生活在危机中的人，是因为没有危机感而导致的呢？创业也是一样

的道理，创业者必须要有危机意识，有预见危机的能力。否则，最后只能使企业置于危机四伏之地。

事实上，所有伟大、卓越的公司，都很有危机感。微软的比尔·盖茨总是说：微软离破产永远只有18个月。海尔张瑞敏总是说：每天的心情都是如履薄冰，如临深渊。华为的任正非总是说：从创办华为至今，他的眼里只有两个字叫"失败"。正是因为他们的危机感，使他们能够在艰辛中一路高歌走到今天。

创业者如何提升自己的危机力呢？

1. 看得远

人与人之间的差距往往在于思维的不同。绝大多数创业者看到的只是眼前的利益，却难以看到未来的发展，所以事业才不会走得长远。一个有危机感的人，必须任何事情都比别人看得远，而且能够提前做好规划。

2. 增强竞争意识

当前这个时代，企业与企业之间的竞争愈加激烈，你不努力，甚至你的努力不够，都有被淘汰的可能。时刻保持竞争意识、时刻有危机感的人，才能在市场中站稳脚跟。

3. 不断归零

人人都喜欢谈自己的"成功史"，却不愿意提及自己的"失败史"。真正的成功者更加青睐"失败史"，并且喜欢不断归零。因为，失败和归零心态可以让他们获得更多的警醒和危机感。有了归零心态，即便在自己最辉煌的时刻，也能放下浮躁，清空一切，容下"杂音"，让自己的事业永远保持持续上升和提高的状态。

对于一个企业家、一个老板来说，要永远保持居安思危意识。不管你现在的实力有多强，不管你现在的市场份额有多大，如果你没有危机感，就是最大的危机。

学习力：学习力就是竞争力

创业微语录

创业可以说是一个系统的大工程，眼界、见识、判断、经验……一样都不能少。一个成功的创业者，需要集常人所不能，学习很多东西。

社会在不断进步，创业者要想在这个竞争激烈的社会中立足，就必须提升自己的学习力。学习力是创业者最重要的核心竞争力。

学习力，包含三个方面，即学习动力、学习毅力和学习能力。一个人学习力的强弱，决定了其思维的精准度和速度，影响其事业高度。创业者必须强化学习动力、培养学习毅力、提升学习能力，以强效的学习力提升自己的核心竞争力。

1. 强化学习动力

一个人想不想学与有没有主动去学是两回事。前者是心理意愿，后者是执行动力。一个把学习挂在嘴上，却从不行动的人，学习力永远难以提升。惰性是人的天性，创业者要想摒弃惰性，强化自己的学习动力，就需要做到以下几方面：

（1）设定量化学习目标

做一件事情是否能持续下去，关键在于是否有一个具体、明确的目标。当然，你的创业目标如果过于高远，很可能会让自己在实现目标的过程中逐渐丧失信心。但如果你能将创业目标量化，分成一个一个的小目标，那么每当你实现一个小目标时，就会增加一重自信心，也就对后续目标的实现更加充满动力。

（2）明确动机和预计成果

做任何事情，有动机才会有动力。所以，明确你的学习动机，预计和想象一下学习后可能获得的成果，并将其写下来。当你每天看到可能会取得的学习成果时，就对学习充满了动力。

2. 培养学习毅力

一个人的学习毅力不是天生就有的，是需要后天进行培养的。创业者培养自己的学习毅力，就要从以下几方面做起：

（1）养成良好的学习习惯

对于创业者而言，良好的学习毅力需要时间来养成。要每天形成定时学习的习惯，坚持一段时间之后，你的学习毅力也就自然养成了。

（2）给自己找一个学习的榜样

榜样的力量不可忽视。现在有很多创业大咖，他们当中有很多学习毅力超强的人，以他们为榜样，学习他们的方式和方法，有助于你的学习毅力的培养。

3. 提升学习能力

学习能力，指的是一个人的学习速度的高低和质量的好坏，主要体现在信息的输入、处理和输出方面是否能够做到位。创业者提升学习能力，入手点应当包括以下几方面：

（1）培养迁移学习的能力

很多创业者倾向于向同行交流和学习，认为自己学得精、学得专，就能在自己的创业领域大展拳脚。事实上，那些优秀的创业者都是通才，而不是专才。因为，创业过程中，你会接触到很多非本专业的问题。如果你除了专业知识之外，其他一无所知，那么你在创业路上遇到问题和挑战时势必会束手无策。

> 比如，你是做自媒体创业的，你除了要懂自媒体内容创作技巧之外，还需要懂得如何做自媒体运营和推广、如何制定平台数据增长目标、如何做资源整合与维护、如何做好数据对接、跟踪和反馈等。

成为一个通才，是创业者的必备要素。当然，这里的"通才"并不是说对于任何事情都要精通，而是对各方面都有基本的了解，并具备相应的统筹能力。因此，创业者需要培养自己的迁移学习能力，抓住不同领域的共通性，然后将其共通性运用到事业所涉及的其他领域。

（2）改善自己对学习结果追求极致的能力

既然学习，就一定要学有成效，追求极致。否则，为了学习而学习，不注重学习结果，或不能做到学以致用，你就难以成为一个优秀的学习者，更难以成为一个优秀的创业者。

创业者的职责是带领整个公司一起成长，提升自我学习力是首要任务。创业者自身的学习力，决定了公司长跑的高度和持久度。创业者提升自己的学习力，势在必行。

4

第四章

找到人才，带出有战斗力的团队

> 人因梦想而伟大，事业因团队而强大。一个企业，想要成功，只靠领导人单打独斗是远远不够的。找到人才，组建一个有战斗力的精锐团队，一群人一起努力才可能成功。

创业中最重要的就是人

创业微语录

> 不论做什么事情,都强调天时、地利、人和。创业,最重要的就是找对人,让合适的人做合适的事。人对了,一切都对了。

有不少创业学员问我:创业最重要的是什么?资金?技术?商业模式?创新?管理?……这些都是创业必备要素,但我多年来的折腾以及对身边的创业者经验来看,创业最重要的还是"人"。

相信有人肯定对我的这种说法感到疑惑。其实,这一点并不难理解。一个公司的人通常可以划分为三类,我们可以分别从以下三类进行理解。

第一,就创业者本身而言。

作为创业者,你也是公司的领导者,你的领导能力决定你公司未来成为什么样子;你也是公司的规划者,你的视野的广度和格局的高度决定了你整个企业的发展方向和高度。

第二,就合伙人而言。

创业公司中,合作伙伴是十分重要的人群,投资人、联合创始人等都属于合作伙伴。如果每个合伙人都能目标一致,为了共同的信仰、共同使命和愿景而努力,那么大家共同干成一件事的成功率就会高很多。

第三,就员工而言。

创业公司中的另外一类核心人群就是员工,如技术员、运营人、研发人员、管理员等。有了这些人，资金、技术、商业模式、创新、管理等问题都迎刃而解。大家齐心协力，向一个相同的目标进发，这个世界上就没有什么牢不可破的事情。

可以说，一个项目再好，都需要人来运作和实现，这足见人在创业过程中的重要性。如果一个公司绝大多数人都无积极的工作状态，整日勾心斗角，那么这个公司离"关门大吉"也就时日不多了。毕竟，创业这件事，本身就要靠人去拿结果。

真格基金创始人徐小平，在做投资决定之前，要对创业团队做衡量，决定值不值得投资。他做投资，只看团队，只看人，不管模式好不好，风口大不大。

我自己也创过业，因此对于创业中的合伙人深有感触：自己当初年少轻狂，各方面能力又欠缺，最终还是输在了人的问题上。所以，如果你打算创业，一定要明确人的重要性，不断提升自身素养、认真筛选你的合伙人，认真选拔你的团队人才。

志同才会道合

创业微语录

创业，不懂合伙，必定散伙。创始人与合伙人之间就像是一种很微妙的恋爱关系，需要彼此包容、欣赏优点、志同道合，才能最终走在一起，为了共同的"道"友好相处，共同奋进。

创业路上，如果你走得快，走得稳，就需要寻找一个志同道合的人与你一起创业。否则盲目招纳合伙人，难以形成合力，事业更难以长青。

对于志同道合，我的理解是：所谓"志同"，就是你们的创业目标或动机一致；所谓"道合"，就是指合伙人之间的经营理念和经营策略是大致吻合的。

正所谓"道不同，不相为谋"。志同道合的人之间有共同的价值观、认同感，与志同道合的人并肩作战，结伴而行，能保证未来创业过程中遇到问题时，可以站在同一立场，保持同一观点去解决问题。当然，这种基于价值观而衍生出来的包容和信任，也使得彼此之间的关系更近、更加牢固。尤其在创业初期，志同道合的合伙人是你坚实的后盾，让你在创业路上不再孤军奋战，而是与你相互配合，形成合作发展的最大动力。

有的创业者，个人能力很强，却组建不起一个超强的合伙团队。一个聚集不起志同道合合伙人的创业者，要么自身与别人格格不入，要么在选择合作伙伴时不具备慧眼。

挑选合作伙伴，首先要保证彼此志同道合，然后再做进一步筛选。以我的经验，我认为可以从这几个方面来考虑：

1. 优势互补

创业不是脑子一热想干就干的事情。即便是志同道合的合伙人，也要保证其能够弥补创业者自身不足。否则两人保持同步、同频、同等优势，会造成优势重叠，难以带来组合效果的最大化。但如果一个懂技术，一个懂经营，各自发挥自己擅长的一面，从而实现1+1>2的效果。

2. 关系紧密

创业者与合伙人之间在志同道合的基础上，要保证彼此关系紧密。创业合伙人可以选择身边的朋友、亲戚、同学等，这些创业伙伴彼此之间知根知底，更加全面地相互了解，合作起来才会更放心。

3. 有梦想、有理想

创业，最好找那些有梦想、有理想、有活力、有思想的人才，他们更加有抱负，想创出一番自己的事业。与这样的人交流和沟通会更加方便，同时还能带来更新的见解。

4. 独当一面

当你的事业进入平稳期时，是你脱身的最佳时机。你可以将整个项目交给能够独当一面的合伙人去做，让其替你冲锋陷阵，而你自己则可以把时间和精力放在全新项目的开发和拓展上。

创业是一个人带领一群人去实现共同的愿望。创业者需要寻找长期的事业共同体，而不是短期的合作商。因此，创始人一定要擦亮眼睛，找到适合自己的合伙人。

关键人才的招选育留

创业微语录

人才是创业的根基，但"千里马常有，而伯乐不常有"。这句话是当下人才选拔难点的真实写照。多数企业存在不会识人、不懂用人、不会培养人、不会留人的普遍现象。做好人才"招选育留"，是创业者的一堂必修课。

都说当下企业的竞争是人才的竞争，因为人才是无价的，是企业发展的核心驱动力。创业者，尤其是初创者，也都知道不惜以高薪利诱的方式招兵买马，希望将顶尖人才揽入麾下。

但现实问题是：超过80%的企业家把时间都花在了"事情"上，没有把时间花在"人"上。因此，很多公司每天都在招人，却招不到合适的人，招来的人干不好工作，好员工经常留不住，出现"用工荒"的情况。原因是什么呢？我认为有以下三个原因：

第一，不重视。尤其成长型企业，老板忙着拓市场、拓渠道、拓客户，却忽视了公司人才的注入和留存。一个人的精力是有限的，老板把精力都放在了"事情"上，自然没时间去关注"人"的成长。

第二，不投入。很多老板一味地让员工为自己创造价值，却忘记了培养员工的重要性。甚至有的老板根本不愿意把钱和精力投入到招选员工和员工培训上。

第三，不参与。很多老板觉得，人才方面的事情是人力资源部的事情，就将所有的人才事宜交给人力资源部来定夺，自己从不参与，从不过问。老板不参与、不过问，人力资源部又岂会实实在在上心？

所以，作为创业者，一定要足够重视，把好人才关。对于如何做好人才"招选育留"工作的问题，以下是我个人总结的一些方法：

1. 人才招聘

关于人才招聘，我着重强调两点：第一，主动出击；第二，渠道多样化。

（1）主动出击

求职和招聘，是一个两相情愿、共同完成的事情。很多公司在招聘的时候，持一种被动态度，坐等人才上门。但很多简历与公司人才要求不符。因此，公司有关人员要主动出击，挖掘人才，主动邀约面试，才能保证人才与岗位需求精准匹配。

（2）渠道多样化

招聘就像钓鱼，人才是鱼，招聘渠道是鱼塘。很多时候，公司喜欢去鱼多的地方钓鱼，但这些地方未必能"钓"到优秀、顶尖级的"鱼"。因此，要广泛撒网，避免招聘渠道的单一化。

2. 人才筛选

招聘只是一个链接人才与公司的渠道。面试者真正能够成为公司员工，还需要经过人才筛选的过程。科学评估人才，才能更好地选对人。如何筛选呢？公司面试官要注重使用有效的问题进行提问，可以使用行为事件提问，引导求职者用具体实例回答，以此判断其执行能力。

> 例如：我们公司因为业务往来比较多，可能会经常安排出差，你怎么看待（经常出差）这个事情？

提问时，避免提问封闭式问题，要多提问开放式问题，因为封闭式提问问的是想法，开放式提问问的是行为。

> 例如：
>
> 我们公司因为业务往来比较多，可能会经常安排出差。你能胜任吗？
>
> （封闭式提问）
>
> 我们公司因为业务往来比较多，可能会经常安排出差。你怎么看待这个事情？
>
> （开放式提问）

对于封闭式提问，应聘者的回答显然很有局限性，非是即否；而对于开放式提问，有很大的空间让应聘者思考，并做出更加合理的回答，答出面对这样的情况会怎么做。

关于人才选拔，我建议要本着两个原则：第一，价值观认同；第二，宁缺毋滥。

（1）价值观认同

价值观认同是选拔人才时首要考虑的问题。价值观认同，是员工心往一处想、劲往一处使的关键。否则，每个人都有自己的想法，就像拉马车一样，往东南西北各个方向拉的话，这个车是走不动的。

（2）宁缺毋滥

选拔人才并不像挑水果一样，看到外表长得好看就买。人才是企业发展的核心驱动力，在选拔的时候，既要考察其思想态度，又要从其思维逻辑中判断其行事能力。宁可空缺，也不能急不可耐，随便选人。

3. 人才培养

招聘、选拔人才的目的就是为了借助人才的力量为公司创造价值。但要想让人才的价值实现最大化，就需要做好人才培养工作。

关于人才培养，我认为应当注重意识和能力的培养。光有意识，没有能力，人才难以发挥价值；光有能力，没有意识，人才不会付诸实际行动。因此，要通过培养，使员工成为知行合一的人才。

4. 人才留存

决定人才是去还是留，一方面员工看自己的意愿，另一方面公司看员工价值。

能够让优秀员工主动留下来，靠的是待遇、激励、成长空间和成就感。

公司衡量一位员工是否值得留下来，靠的是"两真三有"，即真相信、真去干；有追求、有担当、有业绩。这是衡量员工是否值得留下来的标准。如何去做呢？在赛马中寻找千里马，要选拔制而不是培养制。这里的"选拔制"，即业绩考核。优胜劣汰，永不过时，是决定人才留存的最好方式。

人才的招选育留，其实是一门学问。不会做人才规划、人才选拔、人才培养、人才使用、人才保留激励的企业会错失优秀人才，更会失去市场竞争的能力。

从自我提升到团队提升

> **微语录**
>
> 创业，凭一己之力，不如众人之举。企业要想健康发展，是需要依靠大量的人才来推进的。创业者除了自我能力提升之外，更应当注重挖掘团队潜能，全面提升团队的整体效能。

日本著名企业家松下幸之助曾经说过：我们不是生产电器的，我们是生产人才的，只是顺便卖点电器而已。从松下幸之助的话语中，我们可以看到他对于人才培养的重视程度。我对此也非常认同。一个优秀的企业，需要一个优秀的创业者、出色的老板，更需要一群出色的人，在每个人的共同努力下，企业这艘大船才能在争夺赛中加速向前，超越对手。

人们常说"时势造英雄"，但在我看来"时势造英雄，英雄造人才，人才造时势"。这是一个正向循环的过程。后面的"时势"，是在英雄的带领下，团队合力创造的一个全新的"时势"。一个英雄的力量是有限的，英雄培养出来的一群英雄，其力量则是不可限量的。

聪明的领导者，不但懂得提升自我，更懂得如何带领团队提升团队的整体能力，包括学、习、醒、悟、行。

1. 学

学，即学习、学习能力。领导者首先要懂得如何学，如何强化学习效果，如何把所学的知识转化到公司的生产、运营和管理当中。一个人学习能力的提升，对于企业的发展并不能产生明显效果，创业者还需要有一个开放的心态，把自己所学的东西传授给每一位团队成员，大家共同进步、共同提升，才可以实现从量到质的飞跃。

2. 习

习，即练习、实践。企业的成功离不开理论知识的正确指导和大胆的实践。理论与实践相结合，做到知行合一，学习才能落到实处。创业者与团队学以致用、共同实践，才会实现共同成长、共同进步。

3. 醒

醒，即觉醒、反省。出了问题，很多人会静下心来思考接下来如何解决问题，却不会静下心来反省为什么会出现这样的问题。如果我们能够经常反省，日后就会避免很多不必要的状况，省去思考的时间，略去解决问题的精力。作为领导者，需要学会自我反省，更应当培养团队的自我反省意识。

4. 悟

悟，即悟性、领悟。在工作过程中，有很多研发创新、疑点困惑是需要去悟和琢磨的。在悟的过程中，你就会发现"新大陆"、找到新方法。

作为领导者，既要提升自我领悟能力，还要做好员工悟性的启发。比如，可以通过微表情、微动作的观察，判断这些非语言表达背后传递的信息；可以通过举一反三形成一种思维习惯，在日后遇到相同情况时，就能十分明确地甄别事情背后的真实原因。这样，公司上至领导，下至员工，每个人的领悟能力都很高的话，那么彼此之间就能够懂得对方的意思和意图，工作沟通效率自然会高很多。

5. 行

行，即行动、执行力。很多员工执行力差，是因为员工不知道自己该干什么，不知道工作该怎么干，不知道工作做好了会得到什么好处。所以，领导者需要明确给员工派发的任务，指导员工从何处着手、遵循什么流程，告知员工执行到位可以获得的好处，并发挥强有力的带头作用，引导员工积极地朝着正确方向前行。时间久了，员工对流程熟悉之后，自然就会形成一种积极执行的习惯。

　　人才是企业的根本,离开了人才,企业就无法正常运行,更难以生存。创业者应当积极发挥自己的领头人作用,培养强劲的团队,一起并肩作战,走向成功。

优秀的员工是逼出来的

创业微语录

技能是练出来的，办法是想出来的，员工的潜力是逼出来的。不逼员工，员工永远会平庸。

经常有学员抱怨，自己花心思、花时间，亲自带员工，但效果很不理想，能力差的依旧差。不知道你有没有想过，带不好员工，问题并不在员工，而在于你自己？

老板接地气、和蔼可亲固然重要，但这仅限于工作之外。在工作中，就应当像干部一样，用自己的权利和标准严格要求员工。在工作中，严格的爱才是大爱。如果你真的爱你的员工，就要"严"字当头，做一个"坏老板"，要严格考核员工、要求员工，用制度管理员工，"逼迫"他成长。如果你在工作中也带着慈爱，对员工低目标、低要求，最终有进取心的员工也会被养成小绵羊。一个公司，需要的是像狼一样的精英勇士，而不是像小绵羊一样无能的弱小者。把员工培养成小绵羊，是对员工和企业前途的最大伤害。

创业者带团队，一定要把自己扮演成"坏老板"的角色。无数的实例证明："坏老板"带团队的能力要远胜于"好老板"。

李山是做网络游戏生意的，在公司是出了名的"坏人"，很多新来的员工都不喜欢他，甚至有人"恨"他，要不是看在诱人工资的份上，

> 很多新员工是不愿意继续留下来受李山"摧残"的。
>
> 李山在员工管理方面是十分严格的，甚至可以说是苛刻。
>
> 凡是在职员工，都要自己找时间学习，提升自己的工作能力，并每年参加绩效考核。公司每年的绩效考核实行末位淘汰制，凡是成绩不达标者就会被公司淘汰。
>
> 公司需要对游戏产品进行创新时，李山就逼着研发人员在两天之内给出方案，而且作为老板，他会亲自把关。如果方案通不过，还需要继续修改，直到通过为止。很多员工一个方案修改十几遍，修改到怀疑老板是不是对自己有偏见，想要趁机开掉自己。
>
> 每当有新的加急项目时，李山就要求公司员工不吃不喝也要在规定时间内完成。为此，员工经常连续十几天都不回家，困了在公司打地铺睡觉。李山也一直这样陪着员工。
>
> 当然，员工所有的项目都有提成，在待遇方面，李山从来不会亏待员工。在李山的"摧残"下，员工的工作效率越来越高，打造的网络游戏也备受市场青睐。公司赚到了可观的利润，员工也因此在能力和待遇上得到了很大的提升，实现了双赢。

的确，优秀的员工都是像李山这样的"坏老板"逼出来的。人是有惰性的，如果你不逼一把，员工永远是一种自由、散漫、不思进取的状态，难以变得优秀。

创业者带团队，我建议一定要牢记以下这些忠告：

①不要只顾埋头自己的一亩三分地，也不要把工作和工作之外与员工相处的方式混为一谈。

②只问功劳，不问苦劳。用结果说话。

③办法总比困难多。交给员工的任务，只要在他的能力范围之内，不要相信没有办法完成。之所以没有完成，是没有用心想办法。用心想办法，就一定有办法。

④员工没做好就是没做好,没有任何借口。随便找借口的员工,总是喜欢开脱自己的责任,这样的员工难以提升,不得重用。

⑤能够灵活改变方法而不改变目标的员工,更容易在磨炼中成为优秀的员工。

5

第五章
产品，就要做会说话的产品

市场中从来不缺产品，缺的是好产品。好的产品自己会说话，不用你做推广和宣传，都能在市场上实现口口相传，获得良好的口碑。好产品，并不是随随便便就能打造出来的。创业者需要把产品细节打磨到极致，才能打造出万众期待的产品。

互联网时代的爆款战略

> **创业微语录**
>
> 在当前这个爆款当道的时代，只有那些善于发现机遇并抓住机遇打造爆款的企业才可能在这场爆款潮流中获利，而那些后知后觉者、只会盲目追逐者，只能看着别人满载而归而长叹。

传统工业时代，产品生产是以"企业为中心"的，企业生产什么，消费者就只能买什么。企业注重的是技术创新、渠道创新，消费者处于企业价值链的非核心位置，因此在产品问题上，没有一点话语权。

如今是互联网时代，人们获取信息的方式和渠道越来越多，消费者对产品多样化、个性化的需求点也凸显。正所谓"物竞天择，适者生存"。以往传统企业的爆款，在当前这个时代并不能与用户产生强黏性和强关联性，已经没有了市场。"以用户为中心"的爆款产品才更加得人心。这也正是我要在这里着重强调的一点，即互联网时代创业企业应当注重"以用户为中心"的爆款战略。

"以用户为中心"就是要你的产品设计从用户需求出发，产品的使命就是解决用户问题。很多积极拥抱互联网的企业家，他们所打造的超级产品推动着企业的高速发展。

马化腾在产品设计上，极为注重"以用户为中心"战略的重要性。早期，腾讯在QQ空间推出了一个非常有特色的水印相机功能。经过一

第五章 产品，就要做会说话的产品

> 段时间后，用户反馈：要是能将拍摄的照片直接分享到QQ空间就完美了，马化腾立马对用户的反馈做出回应：增加了拍照分享功能，同时还增加了一个文字功能，用户可以在照片上添加优美的文字表达自己此时此刻的想法。

很多创业者极为关注的问题是，如何才能做到"以用户为中心"打造更受用户青睐的产品？其实这看起来难，但只要找到方法，真正做的时候也没有想象中那么难。

1. 占领用户心中的定位

人们对于产品的需求，是因为产品可以解决人们迫切需要解决的某些问题。基于这一点，我们就不难发现，用户选择产品的时候，会进行两方面的衡量：第一，我付出成本后，能换来什么样的价值，能帮助我解决什么样的问题；第二，我需要付出多大的成本才能获得这件产品，是否物有所值。总之，人们希望用更低的成本获得更大价值的产品。这也是用户对于产品的定位。抓住价值和价格这两点优势，你的产品也就成功占领了用户心中对所需产品的定位。

2. 用户参与生产模式

"产消者"的概念前几年非常火。"产消者"即生产者和消费者的合体。当前，"产消者"又进化出了一个新的版本，即消费者、传播者和生产者身份三合一。像粉丝、社群成员这样的群体，就是典型的"产消者"升级版，他们不但是产品的忠实用户，还是品牌和产品的助推者。很多拥抱互联网的企业，都十分注重粉丝和社群成员的意见反馈，并邀请用户参与生产模式，在产品设计和研发中融入他们的创新点子和创新思维。基于此，打造出来的产品，以用户为中心，源于用户需求，回到用户中去，能够在产品竞争中先人一步赢得市场。

> 小米深谙这一点，因此让米粉参与到创意产品的设计中来。小米从MIUI第一个版本诞生以来，一直坚持每周发布一个新的MIUI版本，而

> 且从来没有间断过。每周 MIUI 的用户都可以通过论坛、微博、微信、QQ 的途径提出产品建议，并且通过投票的方式来决定产品功能的新增与割舍。这是小米让用户参与生产模式的精髓所在。
>
> 除此以外，小米的路由器、电视、电脑等发烧产品的成功，也都是基于小米以用户为中心，让用户参与生产设计所取得的成果。

或许有许多传统企业主一直不明白，为什么自己在业内深耕十几年，却还不如一个刚冒出来的新兴企业？那是因为他们还没有意识到时代不同，爆款战略也应当做出调整和改变。我可以毫不夸张地说：如果现在还有企业在打造产品的时候不注重构建"以用户为中心"的爆款战略，这样的产品就没有市场，最终整个企业也会因此而"死掉"。

与其更好不如与众不同

创业微语录

在这个产品同质化严重的时代，为了让自己的产品能够脱颖而出，企业纷纷加大投入，在原有产品上不断做提升，力求比别人做得更好。但真正能够做到成功的，是那些另辟蹊径、敢于创新的企业。与其更好，不如与众不同。

关于如何做产品，我发现，有不少企业在产品问题上喜欢追求大佬的脚步，在产品品质上做到更好。但最终的结果是，雷声大雨点小，花钱、花时间、花精力，却没出结果，最后不了了之，还弄得自己一身"内伤"。

对于一般的创业企业来讲，与其顶风艰难前行，不如避风另谋出路。完全可以扬长避短，实现以弱胜强。

毕竟，巨头之所以能够成为巨头，必定是有其过人之处的，他们拥有最好的技术、最好的客户，而且论规模优势，你不具备；论资本雄厚，你没有可比性；论资源和渠道，你太过逊色。可以说，巨头企业处于行业的最顶端，代表了市场的主流。如果你想超越巨头，只有比巨头更勇猛，但一般企业是难以逾越的。

初创企业的创业者，总是认为自己激情四射地带动全公司，拼上性命去争取，就一定能赶超巨头。这样的想法是错误的。巨头也有危机感，也会在发展过程中不断自我提升。如果你半夜两三点去百度、华为办公楼看一看，就会发现这些巨头公司深夜办公楼也依然灯火辉煌,员工精力旺盛、战斗力惊人。

勤奋对于创业者来说,固然重要,但很多时候精力全部放在勤奋上,就没时间去思考,去寻求新方法、新出路,没有办法找到产品能够突出差异化的点。

另外,我还发现,如果我们在购物平台上,随便搜一个关键词,就会在搜索结果中出来很多相关产品,每家的产品也都差不多。消费者为什么会选择你的产品?必定是因为你的产品有一定的优势。尤其在这个流行网上购物的时代,即便你的产品品质比竞争对手的好,但消费者在购物页面是无法真正感知到的。你的产品如果没有卖点的话,就难以形成竞争优势。

既然我们无法在主流市场取胜,无法超越巨头,无法在同质化严重的情况下凸显自我,何不绕道去边缘市场中寻求生机和发展?

在大多数创业者眼中,主流市场红利巨大,十分诱人。但你要清醒地认识到,那只是成熟企业、巨头企业的天下。作为初创企业,强行挤进去,只能把自己挤得头破血流。新兴的边缘市场,其实才是创业者最好的机会窗口。

如何在边缘市场打造与众不同的产品呢?我认为最好的方法就是做错位竞争。什么是错位竞争呢?

前一段时间,我看了一段生物进化的视频,突然顿悟。其实企业之间的竞争,好比是自然界的生存法则,每一种生物都需要资源才得以生存,但现实情况是更多的生态资源被强者霸占了,那些弱者要想生存下来,就只能开辟新的生态位,这样可以避免直接竞争,保证群落的稳定生存,这就是"错位竞争"。

错位竞争,可以让你变得与众不同,减少竞争,会给初创企业带来意想不到的结果。对于初创企业来讲,错位竞争其实就是与众不同。

在这里,我建议:作为初创企业,永远不要期待有一天做得比巨头更好,因为很大概率是你活不到那一天。唯有另辟蹊径,才是最好的出路。

第五章 产品，就要做会说话的产品

做顾客想要的产品

创业微语录

产品，始于生产商，终于消费者。但消费者真正购买的，是他们想要的，并不是你认为最好的那一个。了解消费者，才能做出他们真正想要的产品。

很多人做产品，都是闭门造车，导致打造出来的产品与消费者需求相差十万八千里，最终无法在消费者当中引起共鸣，产品自然不会有什么市场潜力，更不用说能够帮助企业扎根市场。

在互联网时代，人人都在谈需求，产品离不开需求，需求离不开人。所以，做产品之前，我们一定要先明白：产品就是做出来给消费者使用的，如果用户的内心否定了这个产品，就一定不会为你的产品买账。

什么样的产品才是消费者真正想要的？如何才能知道消费者想要的产品是什么？在我看来，最好的办法是采集用户需求。采集用户需求的方法主要有以下几种：

1. 口头询问

口头询问，如访谈，是一种最简单、最直接的用户需求采集方法，但这种方法在使用的时候一定要注意提问的方式和方法。问对问题，才能找准用户需求。那么，如何才能提出好问题呢？

口头询问的时候，一定要有计划、有目的、有意识地收集用户需求。在提问的时候，可以使用问题性需求提问方式和探索性需求提问方式。

（1）问题性需求提问

问题性需求提问，即有针对性地、按照事先确定的顺序对用户进行提问，明确用户需求。

> 如果你做的是化妆品生意，可以在商场柜台处，找一个轻松话题和前来柜台看产品的顾客聊起来，快速拉近关系，然后开始切入正题，进行口头询问。
>
> "这位女士，看您的孩子有十三四岁了吧，真看不出您是一位十三四岁孩子的妈妈，您保养得可真不错。"
>
> "还行吧。"
>
> "您平时用的是什么产品呢？""通常在选择护肤品的时候会有哪些标准吗？"……
>
> 对于顾客回答的每一个问题，都要按顺序做详细记录。如果不太方便，可以用录音的方式记录下来，以便日后做分析，明确顾客需求。

（2）探索性需求提问

探索性需求提问，即非目的性的、随意的提问，只需要让用户充分表达出自己的需求即可。

2. 问卷调查

直接进行用户调查，可以用沿街邀请可能成为你潜在客户的路人、在社群中发起邀请等方式完成问卷调查。

问卷调查中，用户通常只需要回答"是"或"否"，简单易操作。在问题顺序固定的情况下，还可以发起个别提问，用户可以自由表述，并进行更加深入、细致的回答。

这种方法获取的用户需求相对精准，但可能会因为样本量太少而导致以偏概全。

3. 发起讨论

如果已经有产品上市，可以在论坛上发起问题讨论，了解用户对产品的"吐槽"点，然后再对产品加以改进和优化。

4. 挖掘评论

产品做得好不好，用户最有话语权。用户购买产品后，如果没有收获理想体验，就会到买家评价去发表个人使用心得和不满。这些不满的地方，其实就是用户需求没有得到满足的地方。因此，买家评价是一个可以获取用户需求的有效渠道。

当然，用户是任性的，我们如果只看他们的表面需求，那就错了。这就像医生给病人看病一样，光听病人口述的感受，我们难以判断其真正的病因，需要借助相关仪器检测，才能找到问题的根源。或许，有的用户自己也说不清楚自己想要的是什么，所以我们需要从他含糊的表述中深挖他们真正的需求。因此，用户需求，看似很好掌握，但在实际操作中，还需要我们认真去琢磨和推敲。

找痛点是一切产品的基础

创业微语录

市场中没有任何产品敢称完美,那些伟大的产品,都是在聆听用户心声之后,再经过一轮轮迭代,在能够解决用户痛点的基础上形成的。这样的产品,才可以说是行业中的爆款。

很多老板经常思考一个问题:"什么样的产品才更有市场?"其实,对于这个问题,我的观点是,顾客的痛点就是产品一切的基础。

什么是"痛点"?我的理解是,当一个人的理想状态和现实状态相背离的时候,就会产生问题,而这个问题的根源有两点:一是理想状态比预想的要高,二是现实状态比预想的要糟糕很多。现实与理想差距很远,则使人们内心产生痛苦。对于创业企业来说,用户的痛点,就是产品的创新点。

举个简单的例子。在二手车市场,中间商赚差价的现象长期以来都存在。消费者对此深感不满,甚至深恶痛绝,但往往敢怒不敢言,不得不接受这种市场规则。直到二手车平台推出了"没有中间商赚差价"的服务,才使得消费者的痛点得以解决,使得消费者的理想状态立刻提升了。

我们经常会犯一个致命的错误,认为欲望就是痛点。实则不然——痛点是现实与理想之间存在差距；而欲望是人的一种本能，是一种对于某种目的和要求的满足。

> 比如，人每天都会饿，饿了就要吃饭。"饿"并不是用户的痛点，而是一种本能，让人感到需要用食物来得到本能的满足。

明确了痛点不是欲望之后，我们该如何挖掘用户痛点呢？通常方法很简单，主要有两条路径：

路径一：在产品使用评价中聆听用户的心声。

用户是产品的使用者，对于产品的好坏，用户最有发言权。从用户对产品的评价中，可以了解到用户的心声，发现哪些方面是还没有让用户感到痛的点。

路径二：利用社交媒体聆听用户的心声。

社交媒体平台是一个用户聚集并畅所欲言的地方，在这里可以从用户交流的信息中挖掘到其真实的心声。

对于互联网时代的创业者来讲，痛点是一切产品的基础。谁能最先抓住痛点，谁能最先根据痛点进行产品创新，谁就收拢了用户的心，谁就能率先占领市场，甚至能够成为市场中万人敬仰的独角兽。

体验，找到用户尖叫的理由

创业微语录

> 让用户尖叫的产品，必然是好产品，这一点毋庸置疑。但事实上，除了产品品质之外，客户更加看重的是购物体验，有时候甚至越过对产品品质好坏的感受，成为直接购买的理由。

消费者购买产品时，往往会货比三家。他们之所以会货比三家，是因为他们还没有发现哪家的产品能给他们不得不买的理由。

在这个产品同质化严重的时代，如果你的产品想要触动消费者内心，打动他们，占领他们的心智，就要打造出让他们尖叫的产品。注重用户体验，是一个很好的入口。

什么是"用户体验"？就是用户在使用产品的时候，感觉到产品好不好用，用起来方不方便。如果说产品的功能能给用户带来新奇感；而体验则是在用户使用产品过程中所获得的全部心理感受。完美的用户体验，应该是用户使用产品的过程中，从头到尾都能感觉到快乐、放松和便捷。

很多人认为，良好的用户体验就是满足用户需求。实际上这两者并不是同一概念。

对此，我总结了一个公式：用户满意度 = 用户体验 − 用户期望。

用户对于一件产品的期望值是一定的，用户所获得的体验则是可以有所提升的，唯有为用户提供超出预期的极致体验，才能让用户获得最大的满意度。

什么是"超预期体验"？我举个简单的例子。

第五章 产品，就要做会说话的产品

> 如果有一个赶路人大热天赶路，他饥渴难耐时，有人给他一口水喝，这就是用户期望。如果有人给他一瓶清火降温的饮料，并给他电扇吹，那么这就是超预期。

显然，超预期体验，就是用户在使用产品的过程中获得的产品性能、感受等超出其原本期望的样子。

如何才能打造出超预期产品呢？我认为需要做好以下两个方面：

1. 洞察用户痛点，让客户感知到你的产品与众不同

你有的别人都有，就难以突出你的与众不同。要善于另辟蹊径，在产品功能上做创新，并让用户感知到你的与众不同。

> 拿手机产品来说，如果市场中的手机都在关注产品的防辐射功能，而你的产品关注点却放在增加手机的运转速度上。虽然这两个方面都是用户的痛点，但相比较手机的防辐射功能，手机运转速度快更容易被用户所感知。运转速度超快的手机更加吸引人。

2. 产品超效果预期，让用户发现原来产品有如此多的贴心功能

用户对产品是否满意，说到底是看产品的使用效果。越是超效果预期的产品，越让用户感觉贴心，越能赢得用户的芳心。

> 用过小米插线板的人都知道，小米插线板是如何超出用户预期的。市场上绝大多数插线板只注重产品品质，而小米插线板却在此基础上增加了一个很贴心的功能，以此来保护儿童的安全。小孩子对一切都比较好奇，喜欢碰碰这个，碰碰那个。为了杜绝安全隐患，有经验的妈妈都会用透明胶带把插线孔堵起来。小米在研发插线板时，专门在每个插线孔上增加了独立安全门。这就最大限度地防止了小孩子触电的危险。

功能更贴心，但与市场中普通插线板一样的价格售卖，用户看到小米插线板，自然会因为能够获得超预期体验而尖叫起来。

第五章 产品，就要做会说话的产品

物超所值才畅销

创业微语录

在当前的市场竞争中，靠价格博弈已经很难胜出。消费者更加关注的是产品的价值，物超所值的产品才更畅销，更能赢得市场。

每位消费者对于一件产品是否值得购买，心里都有自己的一杆秤。这杆秤就是"是否物超所值"。所以，产品不能一味地以价格取胜。

对于消费者而言，首先必须有好的产品，才能对其产生吸引力，才会提升其对产品的好感。另外，你还需要在产品上多下功夫，在不亏损的情况下尽量给消费者一个相对便宜的价格，这样给消费者营造一种物超所值的感觉，才更容易让其产生购买冲动。

我在这里分享四种让消费者觉得你的产品物超所值的方法。

1. 提高产品的显性价值

提高产品的显性价值，简单来说，就是提升产品对消费者的实用性。这里的实用性，包括产品的功能、特性、品质、品种、款式等。这些显性价值是吸引消费者购买的主要原因。

2. 提高产品的隐性价值

提升产品的隐性价值，其实就是提升能够让消费者产生愉悦情感的能力。这里的愉悦，实际上就是指消费者情感价值上获得的满足感。

> 例如，大部分人喝酒，不是为了买醉，而是为了表达情感、情绪宣泄。江小白推出的表达瓶，在瓶身上创作的文案道出了每一位喝酒人的心声。
>
> 喝口小酒，就能体会到江小白所包含的深情的一句话"把所有人都喝趴下，就为和你说句悄悄话"，就能因为一句"想说的话在眼睛里，草稿箱里，梦里和酒里"而获得情感上的共鸣——让消费者在酒中寻找既能释放情绪又能不失情调的愉悦感，江小白做到了。这就是江小白的隐性价值。

3. 降低产品的显性成本

产品的显性成本，实际上就是产品的价格。让消费者感觉物超所值有两个途径：一方面是提升产品价值，另一方面就是降低产品价格。

降低产品的显性成本，就是在产品价值不变的情况下，让消费者感知到产品价格的明显下降。降价也是有讲究的，随随便便降价反而让消费者对产品品质心生疑虑。最佳的降价方法就是找一个合理的降价理由。通常，节日、店庆、换季的时候，是降价的最佳时机。

4. 降低产品的隐性成本

产品的隐性成本，顾名思义，就是产品隐藏起来的成本，如人力成本、时间成本、精力成本等。

> 比如，以往去饭店吃饭，尤其在饭点，店里上至老板，下至服务员，都忙得不亦乐乎，顾客等很久，才有人过来点餐服务，而且用餐结束后，还需要排队结账。吃一顿饭很浪费时间。
>
> 如今，很多餐饮店都使用扫码的方式进行点餐，顾客只需要打开手机扫一扫，就可以在线完成自主点餐、加餐、结账流程，节省了大量时间。

以上四种方法可以让消费者切实感受到产品的物超所值。这四种方法可以单独使用，也可以"打组合拳"，都可以产生不错的效果。

6

第六章
创业，就要会做营销

一个企业的发展，离不开营销活动的推波助澜。一个没有营销活动，只顾埋头做产品的企业，就会显得木讷、缺乏活力，也无法让别人知道"你是谁""你是做什么的"，更没办法快速盈利。所以，创业者会做营销和会做产品一样重要。

营销活动的核心是创新

> **创业微语录**
>
> 作为创业企业，虽然在资金上可能有限，但这并不意味着就做不了好营销。那些高质量营销，往往建立在好创意、好想法和消费者需求之上。找到好方式、新方法，一次具有创新性的营销活动就足以让世界知道你的存在，足以为你带来理想的收益。

随着科技的发展和互联网的出现，传统营销模式已经不再适用于当前这个时代。社群讨论传播、网络事件持续发酵、自媒体矩阵全网扩散，这些新兴创新营销模式给创业企业带来的口碑传播效应要远大于传统营销模式。

事实上，时代在发展，无论在任何时代创业，开展营销活动核心在于创新。

1. 创新从思维开始

做创新营销，起点就是从一场头脑风暴开始。思维模式决定了营销模式。妨碍人们创新的最大障碍并不是未知的东西，而是已知的东西。创业者必须突破人云亦云的求同思维方式，用发散思维和逆向思维激活你的创新基因，提升你的创新营销能力。否则，只能在竞争过程中被对手"吃掉"。

2. 打造各种创新玩法

做创新营销，就是要创业者随时保持敏锐的思维，善于发现别人没有的营销模式，率先打开市场。但无论何种营销模式，都必须通过市场检验，能被消费者接受、能为企业带来盈利的营销模式才是成功的创新，否则一切都是纸上谈兵。

以下是我总结的一些通过市场考验的创新营销玩法，在这里分享给大家：

（1）私域流量营销

这几年，"私域流量"这个词在营销领域出现的频率比较高。在公域流量，如淘宝、京东、拼多多等平台上的用户获取成本越来越贵的情况下，私域流量的兴起很好地解决了流量成本问题，同时还能提升用户反复购买率。

私域流量，是指私密区域的流量。具体是指那些不用付费，可以任意时间、任意频次直接触达用户的渠道。如微信群、公众号、QQ群、朋友圈、社群等，这些渠道中的用户都可以称之为私域流量。简单来说，私域流量就是借助微信群、公众号、QQ群、朋友圈、社群，将公域流量转化为企业、商家个体的流量。公域流量就是被集体所共有的流量。私域流量就是属于单一个体的流量。

私域流量好比是根据地，在自己的根据地里，我们可以做自己想做的事情。每一个品牌和商家，都要有自己的根据地。建立属于自己的私域流量池，我们可以开展任何形式的营销活动，实现持续盈利。

> 老张是做母婴产品的，他是一个善于接纳新事物、善于抓住机遇的人。在近几年私域流量大火之际，他也尝试性地打造了自己的私域流量池，做私域流量营销。没想到，生意却比以前好了很多。他最先开通了一个为用户服务的品牌微信账号，并开发了公众号，凡是前来咨询或购买产品的消费者，他都想方设法让其加他的微信账号或关注微信公众号。他还把自己定位成母婴专家，通过微信群、公众号等与用户相互交流、相互鼓励，经常为用户分享母婴相关的专业知识，为其答疑解惑。在整个环节里，老张的这种营销模式既满足了用户需求，又实现了私域流量的商业变现。而且，无论交流还是分享专业知识，都与母婴产品的营销相结合，非常自然和高效。

（2）IP 整合营销

这里的 IP，并不是指知识产权，也不是指网络地址，而是代表了"可供多维度开发的文化产业产品"。有了 IP，就可以让消费者与品牌产品之间产生强关联，开展营销活动。

传统企业做 IP 营销时，往往让产品与 IP 强行产生关系，这样做很容易让消费者反感，营销效果更是差强人意。做 IP 营销，关键在于深耕内容，做整合营销，这样既有你的产品植入和高曝光度，又能让消费者更加深刻地理解 IP 内容，达到与消费者产生情感共鸣的效果。情感共鸣是 IP 落地的前提。

（3）DTC 营销

DTC 模式，其实是指直接面对消费者的营销模式。这种营销模式去除了中间商环节，通过各种渠道直接触达消费者，与消费者进行互动。一方面，可以通过互动获得一手数据，从而掌握消费者需求，并快速做出反应，改善产品；另一方面，有效拉近与消费者之间的距离，增加了消费者黏性。这种营销模式，可以说是一种以用户为导向的营销路径。

DTC 营销能够保证其成功的关键在于：

①借助品牌故事化营销模式，精准解决消费者痛点，塑造良好的品牌形象。

②借助数字化营销模式，使用社交媒体、短视频等渠道传递品牌信息，增加品牌知名度。

花西子是一个美妆界快速崛起的品牌。从 2017 年到 2020 年，仅用了三年时间，花西子就完成了超过 40 亿的销售额度，成为国产彩妆品牌中增速最快的新兴品牌。

美妆品牌那么多，花西子为什么能快速脱颖而出呢？答案就是花西子采用了 DTC 营销玩法。花西子，在营销路径的选择上，借助短视频平台与用户互动，与用户之间建立了强关系，同时借助短视频实现产品的"种草"和"拔草"，消费者可以直接在短视频下方的小黄车购买。另外，花西子只有在天猫旗舰店销售，目前并没有开通线下实体店交给经销商售卖。所有这些营销玩法，都是与消费者进行直接和真实的接触，直接向消费者销售。这足见花西子 DTC 营销玩法的创新性。

创新是企业开展营销活动的一股推动力量。相信创新营销模式还有很多，需要创业者不断探索和进行验证，促成营销高效转化。

做营销就是要舍得

创业微语录

营销是品牌名扬四海的发动机。企业要实现商业价值的最大化，离不开营销。但营销的最高境界就是做对了舍与得。舍当下得未来，这才是大智慧。

世界上，有95%的人在思考和研究如何赚钱，但他们却偏偏赚不到钱；有不到1%的人在思考和研究如何赔钱，结果却赚了大钱。

创业做企业就是这样，有时候想着赚钱却是赔钱，有时候想着赔钱却赚了钱。创业者应当明白一种舍得之道。你舍得赔钱，才能赚来更多的钱。舍得小利，方得大益。

做营销，就是做"买卖"，你愿意卖，消费者愿意买。特别是现在这个竞争激烈的市场中，只有你舍得卖，消费者才舍得买。舍得，就是有舍才有得，先舍才能先得。

在这个流量为王的时代，最大限度获取流量是实现转化的第一步。流量如何获得？给其相应的好处和利益，这就是所谓的"舍"。或许你的"舍"看起来是亏本或者损失了一些利润，但在你"舍"的同时，也俘获了一批信任你的优质客户。

但现实中，很多企业老板却因为思维受限，不懂得前有舍后有得的道理，所以在做营销布局规划上只想着如何赚钱，最终却造成利益的损失，吃了大亏，甚至把生意做死了。

创业、经营公司，永远不要指望一分钱不出就能换来源源不断的客户，把生意做强做大。有投入，才有回报。

经过长时间的尝试和实践，我总结出"舍得"营销的正确操作步骤如下：

第一步，让对方受益。

创业前期，要想让用户知道你的产品的存在，就需要用免费试用的方式，在大众当中混个"脸熟"，同时通过试用新产品，感受到你的产品的好。

这种"舍"，不但能与用户建立起良好的信任关系，而且让用户在有这方面产品需求的时候能够第一时间想起你。

第二步，让对方付费。

产品终归是需要市场的，你需要解决的问题就是将陌生人变成你的潜在客户或付费客户。你可以借助促销、打折、买赠、满减等方式，吸引用户购买，虽然可能不赚钱，但至少赚到了源源不断的客户。

> 刘强在一所大学旁开了一家干锅店，同样的餐饮店很多，所以竞争异常激烈，刘强就想了个营销的好方法：凡是到店消费的顾客，都能获得一张"套餐满100减20"的优惠券。通常学生单人消费花不了100元，所以会带自己的同学一起来用餐。优惠券一发，来店消费的学生流量暴涨。如果是两个女生吃一个套餐刚刚好，100元售价，成本大概在30元；如果是两个男生通常会再另外加菜，所以实际消费额大概在150元，而150元的售价，成本也就50元。所以，刘强用这种方法长期锁定顾客，利润直线上升，成为那所大学旁实力最强的餐馆。

第三步：引导对方复购。

前两步其实是整个营销中的基础步骤，关键在于第三步。

你可以通过赠送小礼品、扫码领红包等方式，吸引那些购买过产品的用户扫码入群、关注公众号，将这些用户变为自己的私域流量。然后在新品上市的时候，第一时间在微信群、公众号通知用户，引导用户购买。

通过这种科学的"舍"的方式，可以有效建立用户"鱼塘"，让私域用户从"客户"转化为"粉丝"，从粉丝转化为"钢丝"，为你带来更高的复购率。

做营销，其实关键在于你的思想。思想上能够做出舍与得的转化，才能借助"舍"这一杠杆的力量拉动利润。

做营销就要懂人性

> **创业微语录**
>
> 做营销，与其说是做产品营销，不如说是做人性营销。懂人性，征服人心，消费者就会为你买单。

营销的作用，其实就是将一些消费者并不需要的东西或暂时用不上的东西卖给他们。这一点看似很难，就好比把梳子卖给和尚、把冰块卖给爱斯基摩人。但不论和尚还是爱斯基摩人，他们的人性也都是有一定弱点的。

人性是有弱点的，如虚荣心理、爱占便宜心理、趋利避害心理等。做营销，如果能抓住人性的弱点，从人性的角度去分析和制定营销方案，你的产品既能叫座又能叫好。

所以，一个营销高手，看似开展的营销活动涉及营销学、广告学、经济学，但实际上还包含了心理学等复杂的知识。

前面我们说产品的创新和创建需要解决用户的痛点和需求。其实做营销也是如此，只不过是要把满足人性需求作为营销的入手点。我在这里着重讲三点：

1. 用身份"绑架"

人是有虚荣心的，喜欢彰显自己的身份，基于这种心理，可以借助与众不同的环境、会员等级制度等方式，满足人们的身份感。

> 例如，星巴克就非常善于利用消费者的心理：在咖啡馆的环境所强调的不是咖啡，而是一种时尚优雅的、带有小资情调的文化；同样的，在星巴克喝咖啡，人们喜欢的是边喝边享受环境所带来的舒适感和情调。

2. 用利益诱惑

贪小便宜是很多消费者的购物心理，他们总觉得越便宜越好，甚至觉得不花钱可以拥有产品是最理想的购物状态。

一些砍价、拼单、拉新有奖、满减、折扣、第二杯半价等策略，都是通过小恩小惠吸引大批消费者蜂拥而至。这些利益诱惑方式都很好地迎合了消费者的贪小便宜心理，促使其将这种心理转化为购买行为。

3. 用情感撩拨

天下熙熙，皆为利来；天下攘攘，皆为利往。趋利避害是人与生俱来的，人人都追求更好的生活状态，避免对自己不利的事情。利用人们的这一心理，可以用情感、情绪唤醒用户痛点，使其产生购买冲动。如何唤醒用户痛点呢？其实很简单，就是要用情感直指人心，让用户产生想要改变现状、达到理想状态的想法。

> 对于普通电池，使用寿命较短，所以一个用电器经常需要更换电池。南孚电池推出聚能环电池后，用"一节更比六节强"唤醒用户痛点，激起用户强烈的购买欲望，这样用户再也不用为经常更换电池而烦恼。

好的营销，就是要洞察用户心中的不平衡，并将这种不平衡所产生的需求，当作绝佳的营销机会。如果你不懂人性，即便费时、费力做营销，也不会有理想效果。

第六章 创业，就要会做营销

短视频时代，要用好直播做营销

创业微语录

短视频领域的发展热度只增不减，越来越多的品牌开始意识到短视频领域中所蕴含的诸多红利。诸多品牌在掌握短视频营销技巧和策略方法的同时，还注重借助直播做营销，通过"两条腿走路"，实现盈利暴涨。

近些年，短视频和直播异常火爆，就连广告营销也离不开这两个渠道。很多创业企业借助短视频和直播的发酵升温能力获得了大批用户，赢得了巨额红利。

我有个学员，是做玩偶生意的，有一个很大的生产工厂。早些年，他的产品通过淘宝等电商平台出货。随着淘宝平台上流量越来越难挖掘，他决定调整营销策略，寻找新的突破口。当时正逢短视频兴起，并在国内迅速升温之际，他便积极思考如何拥抱短视频，为自己争取更多的粉丝。功夫不负有心人，经过一个月的学习和探索，他尝试用拍段子的方式来推销自己的产品。没想到，他的段子深受广大用户的喜爱，因此积累了一大批粉丝。随着短视频功能的完善，短视频平台店铺、小黄车、直播功能相继上线，这让他的生意有了转机。通过短视频带货、直播带货方式，他的生意很快重新回到正轨。

这位学员的创业经历我看在眼里，更在心中感受到了短视频和直播的惊人发酵能力和速度。创业者必须认识到，在当前这个时代，短视频营销和直播营销正在成为一种全民营销方式，其商业空间将无法估量。

短视频营销和直播营销究竟该怎么做？我认为一切都需要基于好的内容。好内容可以让你的短视频营销和直播营销玩法更具引流和变现能力。什么样的内容才能算好内容？用户喜欢的内容、能够为品牌带来转化的内容就是好内容。关于短视频和直播的好内容的打造，我认为可以从以下几方面着手去做：

1. 创意吸睛

对于企业而言，你的产品要在第一时间吸引消费者的眼球，才能有后续实现转化的可能。创意吸睛类营销玩法，就是要借助一定的脑洞创意，在3~8秒的时间内，用画面元素快速抓住消费者的眼球。

> 祖·玛珑的一则七夕节短视频，用星空来呈现浪漫七夕节的氛围感，体现"爱若星河"这个主题。我觉得，这个短视频最具创意的地方就是搭配磁贴创意，整个画面元素感十足，内容创意性强，足够吸睛。

2. 剧情抓心

平铺直叙的内容难免让人乏味，失去观看的耐心。如果一开始就能故意出现一些不合常理或者能够引起用户误会的镜头，然后再通过后面的故事去解释，并在关键时刻抛出产品，让产品曝光在围观者面前，这样的翻转剧情类营销玩法，往往让人出乎意料，更能抓住用户的心，更能让用户记住你的产品。

3. 黑科技加持

人们对于黑科技，总是有一种与众不同的情怀，充满了期待、好奇。在短视频或直播内容中融入黑科技，可以给用户带来多维感知，形成更多的品牌记忆点。

> 御泥坊在电视剧《扶摇》大火之际，联合电视剧《扶摇》独家合作，在直播的过程中，内容紧扣剧情发展，用剧中的水灵镜作为原型，在高度还原剧中情景的同时，还添加了御泥坊品牌元素，做成古风十足的创意贴纸。而且在贴纸中融入了抖音黑科技，主播只要张开手掌就能像剧中的人物一样施展"御水术"。

虽然短视频营销和直播营销在内容打造上相同，但多数情况下，短视频起到引流的作用，而直播则起到转化作用。所以我认为，短视频营销更像是"种草机"，直播营销更像是"收割机"。

短视频+直播营销是创业企业在市场中博弈的两柄利器。当前，已经有越来越多的个人及品牌把短视频+直播的组合营销玩法作为营销的标配。如果你还没有掌握这种营销模式，就需要快速学习起来，助力业绩的快速增长。

第七章
把好管理的命门

> 企业经营离不开管理。先进的管理模式可以让员工工作更加轻松,让团队更好地协同合作,从而为企业创造更多、更优的成绩。管理就像企业的命门一样,主宰着企业的生死。作为创业者,应当懂点管理学。做不好管理,企业就无法壮大,甚至会死亡。

管理就是管人心

> **创业微语录**
>
> 管理的核心就是管好人和事。但事在人为，人是最关键因素。人的行为由自己的信念决定，管好了人心，也就管好了事。

判断一个管理者是否优秀，不是看他工作完成得如何完美，而是看他是否具备良好的组织管理能力。

做管理，看似是在管理员工这个人，其实是在管理员工的心。世界上最难驾驭的是人心。一个能驾驭人心的领导，在员工心中会有很高的地位和威望。这是优秀管理者所体现出来的一种人格魅力。这种魅力并不带有强迫性，不会让人害怕，而是让人发自内心地信服和臣服，愿意听你指挥，并在精神和行动上有自主自发意识。做管理一旦达到了这样的境界，那么你的员工也就真正地被"驯服"了，你的管理工作也就越干越顺，管理效率也就越来越高。

这里我分享几个管理者赢得人心的方法：

1. 尊重下属

虽然与下属是上下级关系，但每个人的人权是相同的。管理者如果能始终用一种平和的心态，像尊重自己一样尊重下属，下属会感受到这种被尊重的感觉，才会从心底里愿意与你共事，愿意尽力去帮助你。

2. 把下属放在心上

作为管理者，如果你能把下属的事情放在心上，给足下属应有的利益，给他们成长的机会，主动问下属生活、工作上有什么困难，并能及时伸出援助之手，他们自然都会把你对他们的好记在心里，更会寻找时机给予你相应的回报。

3. 成为下属的家人

人们眼中，上下级关系是一种权利关系。哪里有压迫哪里就有反抗。这种关系下，管理者与下属心与心之间的距离会越来越远，甚至会演化成一种敌对关系。管理者首先要懂得下属也是有感情的，知道下属也是需要关心和理解的。管理者要扮演好员工家长的角色，给他们家人般的关怀，抚慰他们的心灵。只有家人之间才会相互关心、相互扶持。你把员工当家人，员工自然也会把你交代的任何事情都心甘情愿地积极完成。

4. 用真诚换下属的真心

优秀的管理者会放下自己的"官架子"，与下属真诚相待。无论交流、沟通还是做事，任何事情都要表现出自己最真诚的一面。你用真心对待别人，别人也必定会对你付出真心。我们常说的将心比心，就是这个道理。

5. 善待有功的老员工

老员工是企业的一笔巨大财富，他们可能在企业初创时期就已经开始为公司贡献自己的光和热，对企业有着更加深厚的感情。如果管理者能清晰地认识到这一点，善待老员工，他们必定会尽全力发挥自己的力量。如果管理者不能善待老员工，新员工看在眼里，就会认为你的做法是在卸磨杀驴，也不会死心塌地地追随你。

得人心者得天下。所有的制度、绩效、管理都建立在人心稳定的基础上。高明的老板、管理者，在赚钱之余不会忘记做好员工管理。管理就是管人心，笼络人心，细微之处见功夫。

管理不是压薪酬，而是创效益

> **创业微语录**
>
> 实干出实绩，管理出效益。员工干得好不好，公司效益高不高，取决于你管理模式好不好。

企业的健康发展离不开良好的管理模式。管理是企业发展和成长的护航员。如果一个企业缺乏有效的管理制度，那么这个企业就像一盘散沙，成不了大气候。

在企业运营的过程中，管理是一个重要的组成部分。做管理的目的究竟是什么？很多学员问过我这个问题，大家也做过相应的探讨。管理界对管理的定义是：用尽可能少的支出，实现既定目标的最大化。

有的人错误地认为，管理就是管薪酬，企业管理做得好，就能很好地控制好员工的薪酬待遇，包括月薪、奖金、提成等。员工薪酬待遇降得越低，企业赚得的盈利就越多。

有这种想法和思维的人，格局太小，把"减少支出"错误地理解为"减少员工薪酬"。薪酬待遇的好坏，是员工最关心的问题。员工付出了，却拿不到应有的薪资，最终只能选择离职。而有这种想法的老板，并不会赢得人心，生意只会越做越走下坡路。实践证明，没有一个企业，靠压榨员工换取效益增长能够取得成功、走得长远。

我对于管理的定义有不同的理解，我认为做管理的真正目的是以成本节省和成本避免为基本思想,强化员工开源节流意识;以提升员工的工作积极性为前提,为企业创造更多、更好的效益。而员工积极性的提升,靠的就是给员工实实在在的利益,包括员工个人能力的提升、员工收入的提升。企业老板应当转变自己的思维,在管理方面做出变革。要建立能够充分发挥员工积极性的考核机制、分配机制、晋升机制、人才管理系统等,激励和促进员工效率的提升,最终达到提升企业效益的目的。

企业的发展,始于效益,终于效益。追求经济效益,企业才能稳健发展;没有经济效益,实力再雄厚的企业也会轰然倒下。以管理促发展,向管理要效益,每一名管理者都应当明确管理的意义和价值,尽心尽力、尽职尽责,做好自己的管理工作。

管理的最高境界是"无为而治"

创业微语录

管理是一门艺术。不会管理的人，只能自己干到死；会管理的人，一招就能实现无为而治。

不想当将军的士兵不是好士兵。企业中，每个人都想做管理者，但并不是每个人都能够做好管理。

在很多人眼中，管理是一件简单的事情：动动嘴皮子，下边的人就得照着去做；只需要做好监督工作，保证员工按时完成工作即可。我相信，这是绝大多数管理者的工作日常。但真正的管理高手，却能做到无为而治。什么是"无为而治"？简单来说，就是管理者看上去什么都没管，什么都没做，但员工却都能自主自发地把自己的本职工作做好。

我也认识很多从事管理工作的人，我发现那些真正优秀的管理者，并不会时时刻刻约束员工、监督员工，而是善用"三把利刃"，分别是：

1. 标准

标准，即教会员工"怎么做"。

在现代企业的管理中，标准化、流程化管理正在被越来越多的管理者作为管理利器来使用。有了标准和流程的规范，员工就能明确自己该如何做，需要做到何种程度。有了这个标准，员工就能有据可依、有章可循、有轨就范，可以有效提高员工的工作效率，能够保证管理者无为而治的落地。

第七章 把好管理的命门

> 强子三年前开了一家炸鸡店,在他的店里,所有事情都讲究标准和流程。比如做炸鸡,有专门的操作流程手册;员工请假,有专门的申请操作流程。甚至连打扫厕所,都有一本操作流程手册。有了这样的流程,每一个员工都能看得懂、学得会、做得到。后来他开了好几家连锁店,一直都保持着这种标准化、流程化管理。不论去他的哪家连锁店,你都能吃到味道一样的炸鸡、享受到相同体验的服务。

2. 制约

制约,即让员工明确"谁检查"。

做管理,只有标准还远远不够。标准只是教员工该怎么做,但员工是否能按标准去做,能否达标,关键还是需要有人检查,形成监督和制约。

聪明的管理者,往往会以员工自检、员工互检、技术专检的方式,对员工的工作是否达标进行检查。这样,管理者什么也不用做,省去了很多精力和时间。

3. 责任

责任,即让员工明确需要"担何责"。

管理者需要设计一些科学、合理的制度,对员工工作的好坏追究相应的责任。做得好,获得相应的奖励;做得不好,给予相应的处罚。把奖惩工作交给制度,这样做有利于淘汰那些能力差、效率低的员工,激励员工积极向那些优秀者学习,员工想不优秀都难。

优秀的企业管理者,必定是一个优秀的"游戏规则制定者"。在游戏规则下,你可以什么都不做,只管坐在那里旁观,让别人去按照你的规则去做即可。而他们做的最终结果,却恰好是你想要的结果。

执行力一定根植在理解力上

创业微语录

> 三分策划,七分执行。说得漂亮,不如干得漂亮。有行动,才能有结果。不管你的想法有多好、创意有多新颖,没有行动,将永远停留在想法和构思上。然而,你对想法和构思理解得有多透彻,你执行得才会有多到位。执行力必定根植在理解力之上。

很多管理者在谈到公司管理的时候,总会抱怨公司做了很多很好的策划,因为员工执行不到位,最终花了很多财力和人力,结果却总是不尽人意。

这时候,我也总会问他们,在抱怨的时候,是否考虑过员工执行力差的原因到底是什么?如何才能提升员工的执行力?

根据我多年来的工作经验与实践,我发现,员工执行力差,关键在于以下三点:

第一,公司的工作规范不明确,奖惩条例不诱人。

第二,策划内容看起来完美,执行起来可行性差。

第三,员工理解能力不够。

前两个原因,在于企业的管理水平和策划水平,需要企业管理者和策划者加以改进和提升。最后一条的侧重点在于管理者和员工之间的沟通。

> 牛先生是我的一位学员,也是一位工作能力非常强的老板。他在创业前,在机械制造公司做设计,在该领域打拼了十多年后,牛先生有了

第七章 把好管理的命门

> 非常丰富的工作经验，并拥有很高的执行力。在积累了大量人脉和资源之后，牛先生自己创业，成立了一家机械设计公司。创业后，他发现，自己在设计方面没得说，但在管理方面是短板。
>
> 在一次培训课后，我们进行了一次详谈。牛先生说现在的年轻设计师一点都不走心，总是执行不到位。进一步交谈后，我发现，他平时工作多，在下发任务的时候，自己只顾发，员工只顾接，彼此之间没有过多的沟通和交流。所以我建议他以后下发任务的时候，要多花几分钟跟下属表明自己的想法，以便员工能更好地理解他想要的是什么，这样前期多花了几分钟，就避免了后期花几十倍甚至上百倍时间去修改。
>
> 又一次培训课结束后，牛先生再次和我坐下来谈他的公司管理。这次，他显然十分兴奋和开心，"原来提升员工执行力其实很简单啊，在理解的基础上，执行才能更到位、更高效"。

这就好比做一道数学题一样，你先理解题目内容和要求，才能更加快速地做出正确的解答。否则，你只能答错了重新做答，给自己徒增工作量。

当我们下达一个工作指令时，绝大部分下属会赶紧去执行。但同一个指令，相比于完全没有理解工作内容和需求的下属，那些理解了工作内容和需求的下属工作效率更高，执行更到位。下属领会指令精神和要点，可以少走很多弯路。如果管理者能够提升下属的理解能力，那么执行力也会随之大幅提升。

关于提升下属理解力与执行力，我提出几个建议：

①告知下属，做事情前一定要先思考，没把握的事情要问清楚、理解透彻再做。

②再忙，也要花几分钟与下属进行沟通，引导下属理解工作内容。

③在做每一件事情之前，都要让下属先说明自己做这件事情的思路。思路对了，方向也就对了。如果思路有问题，应当及时提醒。

经常做这三件事，你就会发现下属的理解能力已经达到了质的飞跃，他们的思路、认知、理解能力已经逐渐向你靠拢。

用好管理机制,把大家凝聚在一起

创业微语录

> 同心山成玉,协力土变金。创业企业的发展离不开团队的合力协作,更需要团队的强凝聚力。凝聚力,聚人心,聚人力。当人心和人力累积到一定程度,也就是企业厚积薄发终有为之时,企业的成功就越来越近了。

企业人员流失,企业员工没有相互协作共创佳绩的动力,这两个问题应该是很多创业者经常会面临的。我认为,解决这两个问题的关键就是要员工有凝聚力。人在一起是团伙,心在一起才是团队。

评价一个管理者是否优秀,并不是看他的专业能力水平有多高、行业经验有多丰富、解决问题的水平有多高,而是在于他聚集人心、一呼百应的能力。优秀的管理者能借助管理机制将下属的心和力凝聚在一起,打造出更加卓越的团队。

增强团队凝聚力,就要用好以下五大机制:

1. 用人机制

一家公司的成败,靠的是人。所以,一定要建立一套以人为本的科学用人机制。管理者还要懂得合理分配人力资源,让正确的人做正确的事,把合适的人安排到合适的位置上。这样全员之间才能劲往一处使,协同完成工作任务。

2. 绩效机制

企业要有竞争力,首先就需要团队具有凝聚力,健全的绩效机制可以有效增强企业的凝聚力。企业实施"多劳多得"制度，贡献高者，报酬就多；贡献低者，报酬就低。这样能使得工作出色者得到更多的报酬，也使得部分员工因为业绩比拼、技术比拼、本领比拼而导致只专注于和同事之间的竞争，却忽略了彼此之间的相互协同，甚至将目光锁在"明争暗斗"的绩效考核上。

显然，过分注重绩效机制的使用也会产生很多"副作用"。所以，正确的绩效机制应当以员工合作为前提，对个人能力做考核与评估。

> 微软曾经一度沉迷于严苛的等级评分式绩效考核，通过考核，强制淘汰了不少绩效考核较差的员工。很多员工担心自己的排名会受到影响，为了在主管、团队领导那里留下好印象，就上演各种"内斗"的戏码。随着员工之间的竞争不断加强，整体的协同性和凝聚力就会因此降低不少。
>
> 后来，微软的领导发现了这个问题，就对之前不利于员工成长、合作的绩效制度做了相应的变革。微软取消了以往的等级评分式绩效考核制度，将员工的个人能力、团队合作能力等纳入考核范围，凡是团队协作能力优秀的员工都能获得额外奖励。
>
> 自从新的绩效制度实施之后，微软的员工不再像以往一样小心提防同事，整个团队紧密连接在一起，凝聚力更上一层楼。

3. 沟通机制

经过多年的总结，我发现企业中 70% 的问题是由于沟通障碍引起的。工作效率低、执行力差、凝聚力不强等，这些都是沟通不到位造成的。建立和谐有效的沟通机制，整个企业员工之间能够更好地交流和理解，在此基础上，大家能够明确目标、达成共识，也能够加深情感共鸣，增加团队凝聚力。良好的沟通机制是黏合团队的有效方法。

4. 利益机制

同一个部门，所有成员之间的利益是相同的，彼此之间形成了一个利益共同体。大家只有齐心协力共同完成任务，成为公司最优秀的团体，才能获得利益共享的机会。在这种利益机制的驱动下，团队成员之间必定会为了共同的努力而凝聚在一起。

5. 文化机制

一个优秀的管理者，一定要善于运用企业文化凝聚人心，让文化融入每个员工的骨子里。这样，整个公司的凝聚力才会强大起来，战斗力才会倍增。

凝聚力是一个企业制胜的法宝。企业有了凝聚力，员工归属感、忠诚度、投入度等都会大幅提升，企业兴旺发达指日可待。

8

第八章
资本，创业中最不能忽视的力量

创业离不开资本的支持，借助资本的力量才能促进研究成果的转化，才能推动产品的创新，才能创造创业神话。创业者不要忽视资本的力量，不要让自己的创业输在起跑线上。学会与资本打交道，学会了解资本、用好资本，企业才能提升竞争力。

创业破局：读懂创业的底层逻辑

现金流是企业的新鲜血液

创业微语录

> 如果把企业比作一个人，现金流就是企业的血液，企业的生存需要现金流的循环。一旦资金断裂，血液停止流动，企业也就面临死亡。

一家公司经营的目的，往小了说，是为了获得更多的盈利；往大了说，是为了给国家做贡献，为了满足社会需求、承担社会安定的责任。但不论是为了企业自身盈利，还是为了承担社会责任，一个企业首先需要做的是保证自己能够生存下来。生存是实现一切的前提。

我们生存，需要食物的滋养；企业的生存，需要现金的流入与流出。

企业资金每周转一次，都是一次生产投入与产出的转化，是一次利润的增加或减少。所以，从本质上讲，流动资金是企业利益的创造者，是市场经济焕发活力的根本。为什么这么讲？我举个简单的例子。

> 一位旅行者，拿出1000元，到旅馆住宿。民宿老板把刚从旅行者那里收来的1000元给了肉铺老板，支付这个月的肉钱。肉铺老板又把这1000元给了养殖户，养殖户又把这1000元给了饲料商贩。饲料商贩赶紧把这1000元给了种植户，种植户又把这笔钱给了种子销售公司……

在整个过程中，旅行者拿出的1000元现金一直处于流动状态，盘活了旅店

第八章 资本，创业中最不能忽视的力量

资金的流动，推动了整个市场经济的发展。

几年前，市场是一个大鱼吃小鱼、小鱼吃虾米的时代。如今，资本市场变化越来越快，大鱼吃大鱼是常有的事，甚至还会出现小鱼吃大鱼的情况。所以，企业在这样史无前例的逆境中生存，着实不易。

对于刚入行的创业公司，一方面，创业资金不足，在艰难中勉强运转；另一方面，为了虎口夺食，走低价竞争路线，最后却败给了房租、工资、设备费用、资金不流动，从根本上看，其实都输在了"钱"上。

为了避免公司经营败在现金管理不当的问题上，我给创业者一句忠告：生意少做一点，企业不会有致命的危险，但资金如果不能在安全线内流动起来，企业就会岌岌可危。我建议，创业者抓住以下几个事关企业现金流的"安全线"：

①生存线，要保证有 6 个月及以上的现金流。

②成长线，要保证有 10 个月及以上的现金流。

③平稳线，要保证有 12 个月及以上的现金流。

④健康线，要保证有 24 个月及以上的现金流。

创业过程中把握好以上四个现金流的"安全线"，企业就拥有了足够的抵御风险的能力。如果你在平时就能留有足够的现金储备，那么在困难和问题来临的时候，你就拥有了从容应对的底气。

找投资是个技术活

创业微语录

> 时代变了，资本已经深入到各个行业，尤其是初创企业，更需要借助资本的力量才可能成大器。但找投资是个技术活，既要借资本之力，又要做到不被资本控制，这才是一个创业者应当具备的融资能力。

前段时间，我接触了一些创业者，他们跟我交流的问题大多数是有关公司找资金的问题。

我虽然不是这方面的专家，但凭借我多年来的创业经验，我认为创业者和投资者之间的选择是双向的，不仅投资人要选择有潜力的创业团队，创业者也可以借助一些技巧去选择合适的投资人。

关于投资，创业者需要解决以下三个问题：

1. 从哪里找投资人

创业初期，创业者初来乍到，很多情况下会感到迷茫。从哪里找投资人？有哪些方式？是创业者最为关注的问题。

找投资人，无非两种方式：一种是你主动去找，另一种是投资人主动找上门。前者是很多初创者的选择，而且要求你必须在投资人面前表现出足够的诚意；后者是那些已经度过艰难时刻，走上成长之路企业的选择，要求企业必须足够的优秀。

初创企业在主动寻找投资人的时候，通常可以借助以下几种渠道来实现：

渠道一：在知名媒体上发布新闻稿。

知名媒体上都是有头有脸的人物和企业，这里流量多，曝光量大，有很大的机会被投资人注意到。

渠道二：参加行业会议与论坛。

在大众眼中，能够跻身于行业会议和论坛的人物和企业必定有其过人之处。所以，能在这样的场合露个脸也是很不错的。另外，很多这样的会议和论坛，会专门为创业者与投资人牵桥搭线。

渠道三：通过媒体、互联网寻找。

很多投资人会参加一些创投比赛、发布软文等，以此提升其知名度。只要你认真搜索，就能找到他们的官网，然后尝试主动与他们联系。

渠道四：通过人脉挖掘。

如果你的人脉较广，成功人士较多，他们所掌握的融资渠道必然也很多。他们推荐和介绍的投资人相对来说都是比较靠谱的。

2. 如何选择投资人

与投资人合作，切忌盲目与随便，一定要做好筛选工作。我认为需要遵循以下两个原则：

原则一：投资人喜好与项目特点相符。

不同的投资人喜欢投资的领域有所不同。所以，你需要了解其以往投资行业的特点，并分析你的项目是否与投资人喜欢投资的领域相契合。

原则二：亲自调查真实性。

每个投资人都会展示自己的资源，但你一定要确保投资人所提供信息的真实性。要去亲自调查，不要相信直觉，直觉是最不靠谱的。选择投资人，一定要擦亮眼睛。否则，识人不清就会吃大亏。

3. 如何说服投资人

投资是个你情我愿的事情。但要想让投资人心甘情愿地选择你，还需要用资本的思维去思考。创业者应当与投资人两者之间身份互相切换。满足投资人思维，说服投资人的几率就更大。说服投资人有以下几点思维方式：

思维一：项目有前景。

一定要确保你的项目有前景，向投资人谈创新、谈优势、谈差异等，这些都是项目有前景的理由。做到有理有据，即可。

思维二：团队有能力。

团队介绍，重在强调团队优势，体现公司的组织结构，在内容上，应当以展示个人经验为主，而且应当与公司的发展方向相匹配。

思维三：企业有规划。

投资人不仅要看你当下有何种计划，还注重你对未来发展的规划和决心。投资人只有从未来发展规划中看到公司的美好未来，才愿意为公司做资金投资。

思维四：模式有定式。

你的商业模式是否合理可行？是否已经成熟？……这些是投资人最关心的问题。

总而言之，找投资，需要创业者有智慧、有眼光、有原则，才能安全获得融资，拉动整个企业的持续发展和腾飞。

第八章 资本,创业中最不能忽视的力量

有未来的事业,赔钱也是赚了

创业微语录

人人都想通过创业赚钱,但永远都是10%的人赚钱,90%的人赔钱。这是市场铁律。但即便如此,凡是有未来、有前景的事情,即便是赔钱也是赚了。任何时候不要因为市场铁律而轻言放弃。

创业、做生意,谁都是奔着赚钱去的,但很多创业者一心想着赚钱,却最终赔钱。很多创业者花了大把时间、精力和资金,最终却以失败告终。他们便就此放弃。

创业的路上,失败的人比成功的人多很多。尤其在现在的市场环境下,创业能否取得好的结果,比拼的就是你的创业项目是否有前景、有未来。

因此,我强烈建议,每一个创业者不要一拍脑袋就去做决定,就去创业。在创业之前,一定要多了解市场需求,明确你的创业项目是否与市场需求相吻合。否则,一切都是空谈。

如果你认定你的项目有前景、有未来,那么你大胆去做便是。瞻前顾后,犹豫不决,担心一旦失败,资金打了水漂,永远难成大事。大胆付诸行动,成功与失败各占50%,但如果你永远让创业项目停留在想法层面,你都没有给自己一个追逐成功的机会,又如何会成功?

我认为,有前景、有未来的事情,就应该放手一搏。赔钱了并不可怕,你的每一次赔钱,其实是为你走向赚钱那一天在铺路。如果你能够从每一次赔钱中加以总结和沉淀，当你积攒的经验、人脉、口碑越来越多、越来越好的时候，也就是你真正能够赚钱的时候。当你做到了这一点，你就会发现，之前虽然赔了钱，却也收获了极为宝贵的"财富"；即便赔了，但实际上却是赚了。

> 这里我举一个知名创业者靠赔钱来赚钱的故事。
>
> 20世纪80年代初，一所中学的一位年轻教师，乘着改革开放之风，下海经商。初期，他被公开招聘，成为一家企业厂长，后来在七家国有企业任职。在此期间，他积累了很多经验。
>
> 在全国各地都在修建高速公路之时，他经过一段时间的调查和分析后，认定参与高速公路建设一定会大有作为，于是到处寻求机会。最终，功夫不负有心人，他拿到了一张总额为29.4万元的工程订单，主要是负责修建高速公路上的3个小涵洞，工期140天。这个工程不算大，但仔细算下来，做完整个工程不仅不赚钱，还得赔上5万元。即便如此，他还是接了下来。他的合伙人都对他做这样的赔本买卖很不理解，甚至有人献计献策："假如能够巧妙地节省成本，这个赔本生意做下来还是可以勉强赚2万元。"他听完后，脸一沉，郑重强调：我们现在的关键不是赚钱，而是打造自己的诚信，诚信就是市场。今天的赔钱，就是明天的赚钱。一定要以最快的速度、最好的质量、最高的成本完工。
>
> 在整个工程完毕之后，他不是赔5万元，而是赔了8万元，而且是提前20天完工。承包商对这次的工程十分满意，并决定将以后所有的配套工程都交给他去做。就这样，他赔了8万元，却净赚了800万元，不仅赚到了钱，还赚到了口碑。
>
> 他就是被誉为"全球第一狂人""苏太华系"创始人——严介和。

赚2万元是小聪明，而赔8万元才是大智慧。赚钱是从赔钱开始的，赔钱是赚钱的一部分。创业者若只想赚钱不想赔钱，永远也赚不到钱。

第八章 资本,创业中最不能忽视的力量

卓越的创业者,眼光都在利益之外

创业微语录

"平庸者,目光短浅;伟大者,睥睨天下。"一个企业的品牌是企业的整体形象,品牌响亮了,企业的形象才能高大起来,未来的生意才能越做越好。因此,成功的创业者深知社会使命和责任感的重要性,将社会利益放在自身利益之上,从而在战略竞争中取胜。

创业从本质上讲,是为了追逐商业利益,但那些真正卓越的创业者,往往拥有超出常人的胸怀和格局,能够将眼光放到利益之外。

一个有梦想的创业者,会憧憬自己的未来,并为实现自己的商业利益而努力奋斗;一个胸怀远大的创业者,必定心中装着整个国家以及全民的命运,并为此矢志不渝,奋斗不息。我更愿意成为后者,也希望更多的创业者能够成为后者。

不得不说,任正非就是一个不折不扣的卓越领导者。在任正非的带领下,华为成了一个不折不扣的社会利益贡献者。

4G以前的通信时代,主要通信市场和技术都被西方国家所占据。如今,到了5G时代,华为走上了5G之巅,占据国际领先地位,为中国通信行业的发展做出了极大的贡献。

2021年,华为将花费巨大的人力、物力,通过多年努力开发的鸿

> 蒙系统捐给了国家，这样友商小米、OPPO等手机厂商就可以直接接入鸿蒙系统。华为为我们国家提供了一个对抗西方霸权和科技封锁的有力武器。

华为的这些举动，充分体现了其浓浓的爱国情怀。我们不得不佩服任正非的格局和勇气，华为也因此不再是一个单纯的企业，而是民族的骄傲。

如果说绝大多数创业企业是商业创业型企业，那么华为就是社会创业型企业。商业创业型企业与社会创业型企业在本质上是有一定区别的。商业创业型企业，是创业者为了追求自身经济利益的最大化而实施的创业活动；社会创业型企业，则是基于社会使命感和责任感的要求，为谋取公众社会利益而进行的创业行为。显然，像华为这样的公益创业型企业具有更高的境界。

任何时候，在我们向行业黑马投来羡慕眼光的同时，不要忘记其背后的努力和付出。华为能够从最初几个人组成的小公司发展到如今拥有十几万人的国际性大企业，靠的就是这种不计眼前利益得失的"傻"投入，但这样的投入实际上隐藏着大智慧。

然而，一个企业发展得好不好，关键在于企业领导人领导得好不好。你作为一位领导者，为国家做贡献的过程，其实也是一个收获福报的过程。你为国家和民众贡献自我价值、推动社会进步的方式，其实也是你实现伟大事业的另一种途径。

相信很多创业者会认为，为国家和民众贡献自我价值，是那些行业大佬的事情，与自己无关，其实有这种想法那就大错特错了。每个创业者、每个企业在社会使命感和责任感方面都是平等的，不分高低和贵贱。

但我认为，现在资本太过注重商业利益和短平快，却丢弃了民族使命感和责任感，这样的企业在发展过程中是存在很大风险的，也是不明智的做法。而那些用民族使命感和责任感打造的企业、人民利益至上的企业，才能在市场中长存。

机制篇

9

第九章
合伙制创业，让团队替你操心的绝妙法门

> 创业是一场持久战，拼的不是一个人的百米冲刺，而是人才梯队。只有找到好的合伙机制，打造好的合伙团队，大家齐心协力，勇往直前，你在这场马拉松式的竞争中才能取得胜利。

创业破局：读懂创业的底层逻辑

好的机制让"为别人打工"变成"为自己打工"

创业微语录

这是一个全新的创业时代，"合伙人机制"在创业企业中已经屡见不鲜。好的合伙人机制下，人资关系更加紧密，彼此之间形成长期利益捆绑关系，使得原本普通的个体可以活得不普通。

我注意到，最近几年很多企业都开始推行合伙人商业模式，也从很多实例中看到合伙人机制给企业带来的好处。

华为能够从最初 2 万元资产发展到 2021 年的市值 9000 亿元，成为世界 500 强，离不开长期以来实行的全员持股合伙人机制。

碧桂园自 2014 年导入合伙人管理制度后，用了 3 年时间就成为中国地产第一名，业绩突破 5000 亿元。

阿里巴巴 2009 年开始实行合伙人制度，彻底改变了以往的简单雇佣模式和等级制度，实现了 30 人左右的核心高管团队的集体领导。如今，阿里巴巴已经成为中国互联网的大佬。

巴菲特控股的伯克希尔公司规模庞大，拥有巨额资产，这与巴菲特能够与众多生意伙伴的精诚合作有非常重要的关系。为此，巴菲特曾这样坦言："我很幸运能拥有这些出色的合伙人，我们通过合作才取得了

> 今天的成就。如果是我单个人，这一切是无法做到的。"巴菲特正是有着共同坚守梦想的合伙人的支持，才有了他所拥有的伟大事业。

一项成功的事业，离不开大家的共同努力。如果能建立良好的创业团队，构建良好的合作关系，那么事业就成功了一半。

抛开华丽的概念，真正能够称得上好的合伙人机制，必须包含三个方面：共创、共享、共担。

1. 共创

在制定合伙人机制的时候，要明确由所有合伙人共同参与经营，共同提出创造性、创新性策略，为企业导入优秀人才和产业资源。

2. 共享

在设计合伙人机制的过程中，要根据责权对等的原则，建立有效的合伙人分利机制，一定要明确合伙人彼此之间按照贡献和承担职责的比例，按照比例共同分享市场开发所获的收益。

3. 共担

合伙人之间是互利共赢的合作关系，在设计合伙人机制时，要明确彼此在利益共享的同时，还要共担风险。

在合伙人机制中融入共创、共享、共担这三个要素，可以盘活人力资本，打破组织壁垒，使得每一个合伙人对加薪、晋升等更有盼头。合伙人机制下，每一位合伙人参与到公司经营决策当中，才更能找到创业的感觉，从最初的"为别人打工"，转变为"为自己打工"，在工作积极性、收益方面得到全面提升。这就是合伙人机制的魅力。

机制：把你想要的，变成员工想要的

创业微语录

> 对于创业者来讲，最想要的不过是提升企业效益。对于员工来讲，最想要的不过是增加收入和晋升。能够将创业者和员工想要的东西联系起来，并能同时满足和实现，就是合伙人机制。

随着竞争环境的变化和消费者需求的升级，老板仅仅靠自己的大脑，已经不足以应对。因此，很多创业者抱怨创业太累还赚不到钱，但我要问的是，那些总是抱怨创业又累又赚不到钱的人，有没有思考过自己究竟差在了哪里？

创业与其说是经营事，不如说是经营人。企业经营要效益，员工工作要收益，包括收入和职位晋升。真正卓越的创业者，明白如何借助有效的手段将自己的效益目标转化为员工的收益目标。

有人认为，这种有效的手段就是管理。但管理下员工产生的驱动力是被动的。被动产生的驱动效果要远差于主动产生的驱动效果。人性的特点是不喜欢为别人做事，却愿意为自己做事。

千万不要以领导者身份，高高在上以说教的方式教育员工应该如何努力工作，而是应该建立合伙人制度，让员工为自己干，而不是为老板干。

有效的合伙人机制，则可以驱动员工主动行动起来，做自己愿意做的事情，这样，原本你操心的事情就变为员工操心的事情，也就不会感到创业会让人如此心累。

我认为，员工喜欢混日子，工作积极性不高，原因有两个方面：

一方面，对于员工来说，是因为缺乏"目标"。

另一方面，对于企业来说，是因为缺乏"激励"。

因此，让员工自主自愿地行动起来，关键需要你的合伙人机制具备以下几个原则：

1. 同目标共决策

创业老板要想与合伙人之间真正形成亲密的合作关系，要解决的一个重要问题就是合伙人团队要有共同的奋斗目标，对事业有一致的认知和理解，并能磨合出默契感，在企业运行过程中，能够共同做出有价值的决策。有了共同的目标，大家才能齐心协力共同扛起企业发展的大旗，更加努力地朝着共同的目标前行。有了集体的决策，大家才更有参与感、更有主人翁感，把企业的事情当成自己的事情去做。

2. 尊重意愿

合伙人机制的建立是以企业有预期收益、稳定发展为前提，聚集有共同理想的伙伴，向着共同的目标前行的机制。所以，加入合伙人团队，应当以自愿为前提，每位合伙人自愿与企业共同发展、共担风险、共享利益。而不是企业在自身难保之际，以寻求合伙人为名，通过资金投入的方式捆绑人才。这种方式，虽然可能在一定程度上稳定了团队，但毕竟团队合伙人并不是心甘情愿加入，也会对创业老板产生不信任感，反而加速了人心涣散的可能。但如果能够尊重每位合伙人意愿，凡是加入合伙团队的成员必定是主动加入，这样情况会大不相同，合伙人会尽力把企业的每一件事情做到完美。

3. 人尽其才

合伙人机制下，凡是能加入合伙人团队的成员必定人人"身怀绝技"。如果能够有效盘活人力资本，人尽其才，则可以充分发挥每位合伙人的价值，为实现企业目标添砖加瓦。

常言道"强扭的瓜不甜"。任何时候，在逼迫或被动的情况下，人做事的意愿、积极性不高，则做事情的成效就会很低。因此，要搞定员工，其实并不难，在激励员工自我能动性方面，合伙人制比雇佣制更重要。

如今，员工的驱动力早已升级，如果创业老板还认为仅仅用金钱奖励和惩罚手段就能驱动员工，那就大错特错了。如今的员工，除了注重物质和金钱奖励之外，还十分注重精神奖励。给员工参与感、尊重感、价值感，让他们感受到合伙人制度给自己带来的优越感，这些对于员工来讲，都具有内驱动性，同样是一种很好的"奖励"方式。

行为的最高表现形式是精神，精神反过来又会对人的行为产生巨大影响。所以，借助合伙人机制驱动员工主动行动起来实现企业目标，重在精神内驱力。

合伙制的三大布局：公司平台化、股东创业化、员工合作化

创业微语录

合伙人是未来创业企业发展的必然趋势，在合伙人管理模式下，员工、股东与公司形成利益、事业、命运的共同体，员工和股东在实现自身利益和价值的同时，也实现了企业目标。因此，合伙制可以说是一种三方共赢机制。

现阶段的创业企业，无论是商业模式还是企业机制，都随着时代的发展发生了很多变化，合伙人机制成为一项重要机制，影响创业企业的发展。雇佣时代已经过去，合伙人制才是未来。

在这个全新创业的时代，老板实施合伙人制，重点在于实现三个"化"的布局：

1. 公司平台化

很多人对于合伙人模式，第一个想到的就是"权利""分钱"。在我看来，实现合伙人制首先就是要做好公司平台化布局。换句话说，就是公司作为一个平台，给合伙人提供一个创造价值的机会。

这就好比是那些已经崛起的平台型公司，如淘宝、京东等线上购物平台上有无数家商户；短视频、直播平台上拥有无数个自媒体人一样。如果把这些平台看作是一个公司，那么其上边聚集的用户（商户、司机、自媒体人）则好比这个公司的员工，大家聚在一起合伙做一项事业。每个合伙人都是公

司平台上的一个小老板，既要敢于担当项目，还要有当老板的思维。在第一代创始人定下了合伙人制度后，会有一个或多个合伙人带领后面加入的合伙人向更高的阶段迈进。

2. 股东创业化

每个企业都追求利益的最大化，但利益最大化需要内部和外部的双赢。

就外部而言，企业利益的最大化在于企业在处置外部关系，如企业与消费者、企业与竞争对手等关系时，实现的利益最大化。

就内部而言，企业利益的最大化在于企业在处置内部关系，如企业内部员工之间、股东之间的关系时，实现的利益最大化。

在布局公司合伙制时，股东创业化是一个十分重要的布局点。一个企业中，单一的领袖必须转化为股东团队领袖。一个企业有多大的发展空间，能走多远，不是靠一个人的力量来推动的，而是取决于有多少人愿意跟着你干，愿意为了这个共同的创业目标一起努力。

3. 员工合作化

很多企业的现状是，每位员工都很优秀，但大家各做各的，就是形不成合力。如果让大家同时发力去拔河，结果只能是千人千个方向，企业大厦会在瞬间崩塌。

一个创业公司，一定要有一个领袖，他一定要有自己的专业修为，然后用自己的个人魅力带领一群人去追随，并形成一个紧密的结合体。这就好比打一场球赛一样，每一个团队里都要有一个超级球星，但也需要其他成员的协作与配合，才能拿下比赛。所以，一定要将所有员工与老板绑在一条船上形成牢固的合作关系，形成统一的价值观。这就是合伙人制的员工合作化布局的魅力。

创业，合伙人制是未来发展的标配。不懂合伙，必定散伙。做好合伙人制布局，才能把创业这场大戏唱得更加精彩。

10

第十章
合伙制的法门一：分权

> 创业其实也是对创业者魄力和勇气的一种考验。很多老板喜欢享受"坐拥权力"的感觉，是典型的"权力控"。这样的创业者，员工能力永远难以提升，事业永远难以做大。要想经营好一家企业，就一定要懂得分权、敢于分权。

老板忙乱的两大原因

创业微语录

一个人的能力是有限的,纵使日理万机,也难以把企业运转过程中的各个细节、各个环节照顾得面面俱到。集权而不专权,放权而不放任,这才是一个创业者使用权力的最好选择。

我发现,当前中小微企业有一个共同的问题,那就是老板天天忙得团团转,没时间思考企业未来发展的方向,手下员工却无所事事,一身轻松。这样,老板将自己陷入忙乱的漩涡,越陷越深,形成了恶性循环,对整个公司的发展很不利。

一旦出现这样的状况,老板首先应该停止一切让自己忙乱的工作,思考造成自己忙乱的原因,并让自己及时逃脱这样忙乱的困境。

我认为,造成老板忙碌的原因有两个:

原因一:不明白自己的职责。

老板忙碌,多数原因在于员工把问题推给经理,经理把问题推给老板,到了老板这里无法逃避责任,只能亲自上阵亲自救火。但事实上,很多时候老板在自己亲力亲为之后,给企业所带来的发展效果却并没有他们想象得那么好,甚至逐渐走了下坡路。

显然,这样的老板不明白自己作为一名老板的职责。老板的工作就是管人,而不是管事。人管好了,事情自然也就有人做了,也就能够做好了。人没管好，老板再累、再忙，也会有干不完的事。所以，老板要想不让自己整日忙得晕头转向，就一定不要本末倒置，要学会借助大家的合力共同解决问题。

原因二：不懂得放权，不舍得分权。

造成老板忙碌的另外一个原因，就是老板不懂得放权，不舍得分权。

有的企业老板不懂得放权，是典型的"权力控"，他们渴望享受"坐拥权力"带给他们的荣誉感，更希望自己能长时间地沉浸其中，所以才导致自己整天"日理万机"，晕头转向。

有的老板是不舍得分权，他们一方面害怕放权后别人做不好，另一方面又担心分权后自己手中的权力越来越少。分权并不等于弃权，而是需要建立起一个系统的合伙人组织架构，让每个人责权明确，在享有一定权力的同时，更有责任做好自己的本职工作。

老板不明职责、不懂分权、不舍得分权，导致自己忙乱不堪，是对企业最大的不负责任。老板越忙，公司越难发展。明确职责、学会分权，是对领导者智慧和魄力最大的考验。

创业者要找到角色定位，从事务中解脱出来

创业微语录

> 人最怕的就是不知道自己该做什么，不该做什么。尤其是一个企业的老板，最重要的就是要找准自己的角色定位，否则企业所有事务都大包大揽，只能让自己干到死。

在我做培训的时候，我发现有的学员在培训的过程中频繁拿着手机出去接电话，而有的学员则整个过程中从未离席。我认为既然你来参加培训，就一定要保证培训效果。我也相信，每位企业老板确实很忙，但如果一个企业离开老板一天都不行，那并不是说你的业务好，而是你的自我角色定位有问题。

小军大学毕业后进入一家康复中心工作，几年后，他无论能力还是经验，都是单位的佼佼者。此后，小军决定自己投资建一所康复中心。

公司成立后，小军觉得事情远比自己想象的繁杂得多。他需要给新聘的员工亲自做培训，去沟通各种大小事情等。经过一年的努力，小军的康复中心终于可以正常运行，但小军已经习惯了事无巨细的忙碌，下面的员工也已经习惯了"有事情，找老板"，就这样，小军依旧每天忙得焦头烂额。公司发展进入第二年的时候，小军发现自己比以前还忙，但公司的工作却一团乱。公司的员工留不住，新业务开拓不出来，盈利困难，甚至开始入不敷出。在公司发展岌岌可危之际，小军找到了我。

第十章 合伙制的法门一：分权

> 见到小军的时候，我挺吃惊，一个三十来岁的小伙子，原本正是血气方刚的年纪，脸色却蜡黄，没有生气可言。

小军最大的问题就是自我角色定位错误，他是老板，不是培训师，也不是问题处理专员。一个老板，如果到了这种地步，那我觉得还不如不做老板。很多创业者创业，都是始于机遇，死于定位。

公司在不同的发展阶段，创业老板的角色定位也应当有所不同：

在公司发展处于起步阶段时，创业者凡事都要亲力亲为，不能假手于人。这个时候，作为公司的一把手，创业者既是创始人，又是产品经理、财务经理等。

在公司发展进入成长阶段后，公司的规模逐渐扩大，创业者需要明白，此时需要给自己重新做角色定位，将公司事务进行分工，而不是依旧亲力亲为。要明白，什么事情最重要，什么事情最困难，什么事情才是自己的"主战场"。

在公司发展到成熟阶段后，公司发展到一定的规模，公司运营模式、商业模式已形成，这个时候，创业者一定要向后退。要学会借助合伙人制，驱动每位合伙人分工负责，而自己只需要全面把控即可。

我在这里讲的"全面把控"，强调的是创业者必须做好三方面的事情。

第一，控方向。

在整个公司发展的过程中，老板最重要的工作就是像作战指挥官一样，制定各种战略，如公关战略、客户战略、人才战略、营销战略等。老板拿着指挥棒指哪，公司所有人就打哪，而不是冲上前沿阵地。在制定战略方向的时候，一定要学会使用SWOT分析法，S（Strength）即优势，W（Weakness）即弱势，O（Opportunity）即机会，T（Threat）即威胁。全面考虑好这四个方面的因素，才能保证你指挥的公司发展方向更具科学性和正确性。

第二，抓协调。

抓协调，是作为创业老板的一项重要职责。在公司中，有些合伙人之间的关系是不可能自己协调好的，老板一定要从中起到很好的调节和疏通作用。

第三，建队伍。

这里的"建队伍"指的是建立预备队。创业老板一定要纵观全局，要保证每位合伙人能够完全胜任自己的职务。如果不能胜任，老板就需要通过相应的指导进行提升。如果还不行，就需要考虑更换合伙人。更换合伙人，就需要建立预备队，避免在用人之际捉襟见肘。

不管大型企业还是中小微企业，在公司进入成熟阶段时，创业老板一定要做好角色定位，从具体的业务和事务中抽身出来，把时间放在人和战略上。同时，还要用好合伙人负责制，让每个称职的合伙人承担其应有的职责，通过解决人的问题来解决事的问题。否则，你的公司发展只能呈现出一种病态。

第十章 合伙制的法门一：分权

分权中的"三权"分法

> **创业微语录**
>
> 创业公司建立良好的分权机制十分重要。分权机制的核心在于处理好合伙人之间的关系。每位合伙人的权力不宜过多，也不宜过大。

企业生存和发展过程中，很多问题源自人的问题。越来越多的企业开始采用合伙人制，无论行业大佬还是步履蹒跚的初创企业，都意识到合伙人制的重要性。

但在合伙人制当中，分权是很多企业合伙人敏感的话题。很多人认为，大家都是合伙人，公司所有权平分才是公平合理的。其实，所有权平分是最差的分权方法。

因为，虽然大家都是合伙人，都在为公司做贡献，都是公司的股东，但不同的人对公司的贡献价值是不可能完全一样的。如果将公司股权平分，就意味着贡献价值较大的合伙人与贡献价值较小的合伙人享有相同的股权。这其实与他们贡献的价值是不对等的，对于合伙人来讲是不公平的。这样做，助长了那些怠惰人的不良风气，不利于整个公司发展。

另外，如果共同管理公司的过程中合伙人之间出现分歧的话，处理起来就会很麻烦。毕竟每个人都有自己的主张，都想让他人听自己的。这样就很难界定谁更有话语权，会出现推诿或拖延现象，影响公司的发展。

公司所有权决定经营权、决策权、收益权。股权分配方式决定了合伙人对所有权的掌控方式。对于分权，如何分才能既让创业老板愿意，又让合伙人满意？我在这里介绍所有权中这"三权"的靠谱分权方法：按贡献大小确定持股比例。

在分配之前，合伙团队成员在一起工作和磨合，在这段时间里，应当充分了解每个合伙人的优势和劣势，从每个合伙人投入的热情和价值程度，来确定股权分配比例，并获得所有合伙成员的认可。

具体操作方法和流程如下：

第一步，明确自己公司的定位。

在做公司定位的时候，一定要明确当前公司处于什么发展阶段、需要什么资源。

第二步，制作一张详细的贡献值评估表。

制作贡献值评估表时，要列出各项要素，如创意想法、资金贡献、资源贡献、渠道贡献、价值贡献等。

第三步，进行贡献值评分。

根据不同要素来评估每个合伙人的相对贡献，将每个要素的权重设置为0~10分，逐一进行评分。另外，是谁提出的创意想法，是谁负责商业计划书的撰写，是谁全权负责实施等，这些详细的内容，都要在评估表中体现出来。

第四步，计算出加权分数，判定相对百分比。

根据以上几步，就得出了每位合伙人较为合理的股权分配比例。

给每个合伙人进行股权分配是一件事关长远的事情，不能急躁。只有做到合理、公正，才能让每个合伙人心服口服。

11

第十一章
合伙制的法门二：分利

> 员工与企业融为一体，是企业老板与员工共同的愿景。利益合作关系，是企业获利、员工获利的基础，也是保证双方长久合作的基础。天下熙熙，皆为利来；天下攘攘，皆为利往。实施合伙人制的企业，其生死存亡，除了分权，还取决于利益分配是否合理。

分利的目的一：让有能力的员工先富起来

创业微语录

> 合伙人制的特点之一，就是合伙人利益共享。这是一个更加接近人性的机制，通过有效的激励，激发那些有能力、有潜力的员工先富裕起来，然后帮助企业实现全员共同富裕。

国家提倡让一部分人先富裕起来的目的是带动和帮助其他人实现共同富裕，这是国家的战略和愿景。合伙人制作为企业发展的一种重要机制，同样是将"一部分人先富裕起来，带动和帮助其他人实现共同富裕"作为发展基点，嵌入内在发展逻辑当中。这也是合伙人制分利的真正目的。

任何时代，企业想要长远发展，老板想要快速致富，其基础是让员工先富裕起来。而这些先富裕起来的员工，必定是具有超强能力、能给企业带来巨大价值的员工，他们可能拥有很强的技术能力、业务能力、研发能力、资金筹集能力等，创业老板必须以他们为企业支柱，以他们为合伙人，让他们先富裕起来，才能构建起公司无坚不摧的脊梁和骨架。尤其是当前这个时代，要想把企业做大做强，创业老板更应当明白这个道理。

虽然老板和员工不可能实现共同富裕，但必须让一部分有能力的员工先富裕起来。如果老板想一味地压榨员工、克扣员工，那么必然留不住人，最终损失的还是企业的利润。另外，老板自己富有，对员工并不会起到任何激励作用，老板赚的是老板的钱，对他们不会有任何触动。但如果老板让企业中有能

第十一章 合伙制的法门二：分利

力者都富了起来，员工看在眼里，羡慕在心里，会起到很好的鼓舞作用。他们能从这些先富裕起来的员工那里看到希望，有了榜样，有了信心，也有了动力。所以，优秀的老板一定要懂得让能力出众者成为自己的合伙人，一定要让这些人先富裕起来。

如果一个企业，那些能力较高的员工和普通员工、新进来的员工享有相同的待遇，那么整个企业内部员工就会工作毫无激情和动力，仿佛一潭死水一般。老板对员工的态度决定了员工的工作态度；老板对员工的激励程度决定了员工的工作积极程度。财散人聚，财聚人散。只有大家一起进行利益分享，才能团结大量的人。

> 华为公司将每一个员工看作自己的合伙人，在利益分配的问题上，一直坚持用更高的工资、更好的福利来满足老员工、有能力员工的需求。通过对这些员工需求的满足，来激励其他员工更好地为企业服务。
>
> 华为将自己的这种分利机制称为"工者有其股"的分享机制。即用分股份来激励有能力、贡献价值大的员工。通过股份分红的手段，每年给华为的员工发放一笔分红。凡是持有股权的人，每年都能拿到相当可观的分红。一般的老员工手里都有几十万股票，多的甚至能达到上百万，仅算每年的分红，员工所获得的收益都是相当惊人的。
>
> 华为的这种分利机制，使得员工能够成为股东和老板，让每位持股员工在心中认为自己是在给自己打工，自己努力奋斗、拼命工作，完全是为了自己的利益和未来。
>
> 华为公司用分利来赢得员工的信任，激励更多的员工更加努力工作，把公司蛋糕一起做大。这样蛋糕越大，员工每年分得的红利就越多，从而形成了良性循环。

所以，我常常告诫学员：任何时候都不要抱怨员工不关心企业，要多问问自己的员工怎样才能更加关心企业。有能力的人成为你的员工，才是企业的人才。如果你不加以重视，必然留不住人，就会从合作伙伴变成你的竞争对手。反之，则会少了一个竞争对手，多了一个合作伙伴。如果你也能做到像华为一样构建良好的分利机制，那么你成功的几率自然会倍增。

分利的目的二：让观望的员工动起来

创业微语录

现代社会，人们的价值观是多元化的，将员工真正想要的东西作为报酬，员工才会从观望中走出来，真正地行动起来。

我发现，很多老板都存在一个共同的疑问：为什么员工工作不积极？

在回答这个问题之前，我觉得我们首先应当先问自己一个问题：你对员工怎么样？

如果员工所得与其预想中的不符或相差很远，那么员工工作不积极也就是"理所应当"的事情。

我认为，员工行动积极性不高，通常有以下几种原因：

第一，工资分配不合理。

员工出来打工的目的就是赚钱养家糊口。如果最起码的工资分配都不能做到合情合理，员工的工作积极性势必提不起来。

第二，缺乏必要的沟通。

从行为科学来看，员工观望不行动的原因是不知道方法。必要的沟通，可以让员工快速行动起来。

第三，缺乏相应的激励制度。

通常，员工工作不积极是因为缺乏相应的激励制度。员工干多干少都是拿到相同的酬劳，自然没有人会主动工作。

从这三个原因中，我们会发现，要想使员工行动起来，就要对员工的行为给予支持（第二个原因）、赋予动机（第一个原因和第三个原因）。

给予支持是很容易做到的，勤于沟通即可。但赋予动机，才是员工发自内心想要主动行动起来的根本原因。

这里我们先看一下我的一位学员何军是如果赋予员工行为动机的。用具体实例来说明。

> 何军的父亲在当地是做超市生意的。何军大学毕业后，子承父业。在经营的过程中，何军发现一线员工的工作积极性很差。经过调查，他发现一线员工干的最脏、最累的活，每个月的收入却只有3000多元。这个工资在当地刚刚能解决温饱问题，但上涨的空间很小，所以员工没有什么干劲。
>
> 在当前零售业越来越难做之际，要想维系老顾客，又能吸引新顾客，关键还在于一线员工的服务。找到问题根源之后，何军认为增加超市零售收益关键在于如何赋予员工行为动机。增加员工收入是最直接的方法，但直接提升一线员工收入，并不能使得超市收益真正获得提升，甚至会给超市带来成本负担。
>
> 于是，何军学习那些知名企业，对一线员工实行"合伙人制"。
>
> 合伙人制有两种形式：
>
> 第一种是以合伙企业作为持股平台。合伙企业中有两种角色：一种是普通合伙人，即公司创办人；另一种是有限合伙人，即公司的投资人。这里的有限合伙人没有决策权，只享有投资收益权。
>
> 第二种是以打造团队经营者为核心的增值合伙人，只出钱出力做增量价值，分享增值收益。
>
> 对于规模较小的超市，何军选择了第二种合伙人模式。这样，超市所有的一线员工都是何军的合伙人，但必须承担风险、担当经营责任，根据贡献价值享受利益分配。

第十一章 合伙制的法门二：分利

> 这样一来，一线员工只有提供更加出色的服务，才能获得更多的回报。这对于一线员工来讲，是一种增加收入的很好的"开源"方式。
>
> 拿超市果蔬来说，员工会尽量避免不必要的成本浪费，在码放时会轻拿轻放，更加注重果蔬的保鲜效果。
>
> 何军制定的一线员工合伙人奖金计算公式：门店奖金＝门店利润总额超额或减亏部分×30%。门店利润总额超额或减亏部分＝实际值－目标值。
>
> 何军实施合伙人制颇见成效。如今，何军在当地已经开了多家连锁超市，各店收益在当地均领先同行。

何军的成功告诉我们，想让员工积极行动起来跟着你干，就要学会使用合伙人制，利用有效的分利模式，将一线员工与企业绑在一起，使得大家成为一个共享利益的团体，就能有效避免有人无事可干的情况。这样，员工和老板才能齐心协力把企业做大，一起分钱，共同创富。

分利的目的三：让混日子的员工慌起来

创业微语录

做合伙生意，制度的重要性显得尤为重要。排位次、分金银、论荣辱，成为合伙成员关注的焦点。这也是让那些混日子的员工能够慌起来的一个重要方法。

近两年，我研究了将近 100 位拿死工资的人，发现他们有一个惊人的共同习惯：所有拿死工资的员工都不思进取，不会想着让自己变得更有价值。

很多选择拿死工资的员工不追求加薪，也不会认真干活，就是为了安稳。在他们看来，拿死工资，不用担心业绩不达标被扣绩效，只要每天当一天和尚撞一天钟，就能有工资拿。久而久之，这样的员工心态逐渐发生了改变，整个人的状态也最终演变成了一种混日子的状态。

很多公司或多或少会有一些混日子的员工，他们的存在不但拖累了整个团队的工作进度，还影响了那些原本积极向上的员工的工作热情。这样的员工，从根本上降低了整个企业的战斗力与核心竞争力。

每一个公司都不会养闲人、养懒人的。面对这样的员工，老板最直接的做法就是辞退。但人都是有惰性的，如果将混日子的员工直接辞退，很可能会导致无人可用。毕竟，辞退是最无能的管理手段。

真正优秀的老板并不会这样做，而是想办法开发他们的潜能，使他们转化为优秀员工。比如建立健全考核制度，不给他们钻空子的机会；跟这些员工沟

第十一章 合伙制的法门二：分利

通，改变他们混日子的想法；根据他们的能力和特点，安排更加适合他们的岗位等。

我认为最好的方法还是利用合伙人制下的分利模式。合伙人制的特点是利益共享，但利益共享是根据每位合伙人贡献价值的大小和承担职责的大小，进行利益分配的。其实，这样的柔性做法比起那些生硬的考核、低效的沟通、无用的换岗更加见成效。对于那些混日子的员工，如果对公司没有贡献价值，不能承担应有的责任，其收益必定会受到影响。看着那些优秀员工的收益不断提升，而自己的收益却不断下降，自然会使得那些混日子的员工慌起来。

既然用分利模式能改变混日子员工的工作态度，就一定要提升利益分享比例，以此来更好地刺激他们。对于那些有能力却混日子的员工，这样做其实是给他们提供一个展现自己的机会。在利益分享的刺激下，他们也会爱上合伙人制，会选择换一种心态，换一种工作状态，认真、积极地投入到工作当中。对于那些能力差混日子的员工，想不干活就能每月拿到足额薪资已经行不通。这样，不用你操心，他们自然会主动离开。

现代企业，尤其是一些中小企业中，那些混日子员工所创造的价值还不及公司为其所付出的成本。一定要解决混日子员工的问题，巧妙杜绝和转化混日子员工，做好人才优化工作。

两大平衡点是分利、"分未来"的核心命脉

> **创业微语录**
>
> 任何一种关系，能够长久的关键都是有"利"可图。有利，才有未来。但能够保证利益分享的实现，是要建立在对人力资本和人性的基础之上的。

对于创业者来讲，追求资本和留住人才同等重要，如何能兼顾和平衡两者之间的冲突是需要认真思考的问题。合伙人制，能够恰如其分地解决这个问题。

合伙人制，其本质就是大家一起分名、分利、分市场、分未来。其中，能否保证每个合伙人能够分得心服口服，关键在于资本和人性两个平衡点。

1. 资本平衡点

合伙人制，是由两个或两个以上的合伙人共同分享公司利润，并对经营亏损共同承担无限责任。每个合伙人都为了公司更好的发展而共同参与经营。合伙人制之所以实施，主要是为了更好地激发合伙人贡献个人价值。

在实际经营过程中，一方面，很多企业是以员工投入的劳动量来评估其个人贡献价值的，而不是以个体的劳动能力和价值创造力来评估，因此忽视了个体的人力资本价值。企业在不同的发展阶段，关键人员的能效远大于其他员工的总和。企业仍然以不变的薪资雇佣员工，势必引起员工的不满。

另一方面，企业做生意，追求的就是资本效益的最大化、利润的最大化。企业如果依靠压榨员工来增加自己的资本和利润，势必会导致员工大面积流失。

这时候，为了公平起见，为了保证企业资本效益的最大化，就必须解决个人价值创造和回报之间的不对等问题。合伙人制的分利模式，就起到了很好的平衡作用。对于企业来讲，所有人一起谋利才是最好的发展模式。

2. 人性平衡点

对于绝大多数人来讲，宁为鸡头不为凤尾。没有人愿意一辈子给人打工，一旦有机会、有条件，人们一定会选择为自己创业。所以，对于企业老板来讲，要解决的问题是：如何才能做到既让员工为自己干事情，又不会抛弃老板？而"人性"就是解决这两个问题的重要平衡点。

人性是刻在人的骨子里的本性。趋利避害是人的一种本性。你想要别人为你做什么，就要把你的利益和他的利益挂钩。实施合伙人制，给员工分股权，让他们有利可图，他们自然会在工作中注入强大的活力和旺盛的斗志，心甘情愿地干活。

实施合伙人制，给员工想要的利益，这不但是一个智力活，还是个胸怀活。一个老板有智力、有胸怀，就能想到办法让企业和员工之间的关系得以平衡。由此，也能给企业和员工希望和未来，实现真正的双赢局面。

分利中的六大条件和四大分法

> **创业微语录**
>
> 企业利益与员工利益不是对立的,企业和员工之间在利益上是相互影响和相互依存的,谁都离不开谁,保证利益共享是企业健康、长足发展的第一要务。

企业实施员工股份制,把员工当作自己的合伙人看待,并在企业的最大限度内给员工最为可靠的保障,没有哪个员工不会对工作充满热情和干劲的。

给员工分利,利益和利润如何分?怎么分?这并不是一件随便的事情,需要满足一定的条件,同时需要借助一定的方式和方法,这样才能保证利益和利润分得恰到好处,分得心服口服。

1. 分利的六大条件

并不是每个员工都能成为企业的合伙人。在分利之前,企业首先应当在选择什么样的员工做自己合伙人的问题上多下功夫。设定相应的门槛,筛选出合格的合伙人。我认为,选择合伙人,最起码需要满足以下六个条件:

①全职投入。愿意长期在公司发展。

②价值观一致。对公司的价值观高度认可。

③贡献价值。愿意主动为公司的发展做出贡献,并且已经为公司做出了巨大贡献。

④出钱出力。必须是公司的关键性员工,既能出钱又能出力。出钱是为了

留人留心，出力是为了形成更好的合力。

⑤核心优势互补。组建合伙团队，要尽可能找那些在能力上互补的人。有的人擅长做战略定位，有的人擅长找人、找资源，有的人擅长做技术……这样每位合伙人都能发挥各自的优势和特长，才能达到最佳效果。

> 雷军在创办小米之前，一直在金山公司做软件开发，他最擅长的就是打磨产品、做好用户体验和管理工作。雷军在硬件制造方面缺乏经验。小米的定位就是专注于智能硬件和电子产品研发的全球化移动互联网企业，所以需要硬件方面的支持。为了创办小米，雷军四处搜寻技术人才。为此，他用excel列了很长的名单，然后挨个找合伙人。为了组建合伙人团队，雷军不惜花大把时间找人。最后，他找到了6位技术大咖，联手合伙创业。通过多年来小米的发展和壮大，事实证明，雷军在选择核心优势互补这件事上，是非常明智的。

⑥有良好的人品。在公司任职期间，没有发生严重的违规违纪行为，没有损害公司利益。

这里，我想着重强调的是：选择内部合伙人，标准不要定得太高，但必须有一定的要求。

2. 分利的三大分法

给合伙人分利，可以充分调动合伙人的工作积极性、创造性，从而提升整个公司的效率和绩效。但如何分利？我在这里讲几种分利方法。

（1）薪酬式分利

合伙人用自己的劳动和业绩，换取相应的等价工资，这也是合伙人积极奋发的原动力。所以，将工作与绩效考核结果挂钩，通过绩效考核等级来决定绩效工资的发放。具体在实行的时候，可以按照相应的公式计算合伙人的工资分配数额。

员工工资 = 固定工资 + 绩效工资。绩效工资 = 绩效系数 × 绩效工资基数

（月薪的固定百分比）。

（2）分红式分利

分红式分利也是一种有效的利润分配方法，主要是为了鼓励合伙人积极参与企业管理，体现员工的主人翁精神，激发员工的工作动力和士气，而依据员工所在岗位价值、潜在贡献、历史贡献、工作业绩等，额外授予员工一部分公司利润。

具体操作是：公司设定一个利润目标，以超出这个目标的部分利润作为分红，以达到激励的目的。超额利润额＝实际完成利润额－基础目标利润额。

需要注意的是，分红式分利政策要定期进行调整，尤其是基础目标利润，要根据市场和企业自身情况设定，要切合实际，才能调动合伙人的积极性和参与性，不宜定得过高。

（3）股份化分利

股份化分利，是对员工进行长期利润分配的一种方法，是企业留住核心人才而推行的一种长效激励机制。这就好比一辆前行的火车，动力越持久，火车才能跑得越远。

做股份化分利，需要遵循以下几个原则：

①保持公司控股权原则。

任何时候，作为公司的创始人、老板，一定要将公司的控股权掌握在自己手中，才有足够强的话语权，才能保证你的创始人、老板地位不动摇。

做股权式分利，我重点强调的是，创业老板一定要把握好三条重要的安全线：

绝对控制线：老板占股67%以上，才对企业有完全控制权。

相对控制线：老板的股权比例至少要占51%，否则就会失去一些相对简单事项的决策权。

一票否决线：老板占股34%以上，才能享有重大事项的决策权。

②坚持公开公平原则。

做股份化分利，一定要本着公平、公开的原则，确保多方参与、分配合理，使合伙人对你的股权分配份额发自内心地认同和支持。

　　分权、分利，对于创业老板来讲，在具体操作的时候可能会感到复杂和繁琐，但创业本身就是对创业者的一种意志的磨练与考验，你能耐得住磨炼、经得起考验，还有什么事情做不成！

第十二章
合伙制的法门三：分风险

合伙人彼此之间本身是一种利益共同体关系。在这个体系当中，大家一荣俱荣，一损俱损。每个合伙人在享受利益的同时，也需要承担应担的风险。共担风险，是合伙人制得以实施的一个重要因素。

"有福同享，有难同当"是合伙的真谛

创业微语录

> 既然彼此成为合伙人，大家同坐一条船，向着同一个目标前行，途中有好的风景大家要一同欣赏，遇到大风大浪，大家也要一起扛。所以，要想企业这艘大船能够持续前行并到达彼岸，每个合伙人不但要有福同享，还要有难同当。

企业在发展的过程中，可以说时刻危机四伏。尤其在企业做大做强后，内外风险也越来越多。外部风险通常包括竞争对手风险、生存环境风险、并购风险、公共危机等；内部风险通常包括产品风险、营销风险、人事风险、投资风险、财务风险。企业每前行一步，稍有差池，风险就会降临。

世界上没有永远的朋友，只有永恒的利益。很多创业企业从来不缺乏因利益而聚集在一起的人，却少有人在企业身处风险和危难之际依然愿意留下来共担风险，同进共退。

合伙人机制的核心，在于呼唤合伙人精神，也就是大家合在一起，成为一伙，共同承诺共创事业、共享收益，最重要的是能够共担风险和责任。

一个创业企业，不仅要把优秀的人才留下来，更要把他们的心留下来。薪酬福利只能把人留下来，那些员工"身在曹营心在汉"的例子比比皆是。真正能将优秀人才与企业捆绑在一起，让优秀人才的心留下来的，还是合伙人制。大家成为合伙人的过程就是一个留人留心的过程。因为在合伙人制度下，公司

第十二章　合伙制的法门三：分风险

变成了事业平台，给优秀人才提供了一个更好地展现自我能力的机会。只有优秀员工真正参与到企业经营活动中来，才真正会有共创事业、共享利益以及共担风险和责任的意识，才能把公司的事业当作自己的事业去积极主动地投入到其中。无论顺境还是困境，都不会轻易离开。

> 当年万科集团高管大量出走，在三年时间里，将近一半的执行副总裁以及很多中层管理人员离开，人们将当时人才流失的情况戏称为"万科的人才大地震"。在这个背景下，万科集团为了防止优秀人才的继续流失，在公司内部实施事业合伙人模式，重新界定了公司与员工之间的关系。
>
> 万科集团的合伙人制将公司的业绩、股价的涨跌、投资的风险与员工紧密联系在一起。万科集团的事业合伙人制，最大的特点就是强调"共担"。无论是合伙人持股计划，还是项目跟投机制，在设计的过程中，都十分注重"共担风险"。拿项目开发来说，万科集团要求相关人员必须跟投项目，即参与项目管理的成员，必须拿出自己的钱和公司共同投资。这就意味着，项目相关人员在共享利益的同时，还必须共担风险。万科集团"共担风险"这一条，对内部人员筛选方面所产生的效果是非常明显的。以往那些只想在公司内部"搭便车"、只想收益却不想付出、害怕承担风险和责任的员工，在全新合伙人制的实施下，不得不主动离开公司。但也正是"共担风险"，吸引和保留了那些有能力、有担当、有责任、对公司认可的人才。

对于绝大多数企业员工来讲，他们只能共享利益，却不能共担风险。在企业遭遇危机、难以为继时，没有员工愿意不顾个人得失与企业共渡难关。员工变动频繁，自谋出路，而老板只能自己挺、自己扛。试想，如果每位合伙人只关注利益共享，不注重共担风险，那么万科集团后来的发展不堪设想。

世界上那些伟大的企业，其之所以伟大，是因为有良好的机制做约束。用巴菲特说过的一句经典话语来讲,就是:"检验一个激励机制是否有效的试金石,就是被激励人是否承担风险。"只能共享利益的叫团伙,能共担风险的才叫团队。合伙人要有福同享,更要有难同当。

第十二章　合伙制的法门三：分风险

分担多大风险，才能尽多大心

创业微语录

> 如果老板单枪匹马，一力承担风险，势必压力巨大，把自己弄得身心疲惫。如果一面大旗众人扛，大家各自分工，各司其职，老板的创业之路会相对轻松很多。

我之前就"创业究竟要老板一个人干，还是找合伙人一起干"的问题在培训课上与学员做过讨论，不同的人有不同的观点。

有的人认为，老板自己一人单枪匹马，虽然综合实力差一点，发展慢一点，但省心。但绝大多数人表示更加趋向于合伙做生意。他们认为，合伙做生意，资源相对较多，拥有的技能、知识、经验等也比一个人多，大家共谋出路，共创未来。虽然大家会分权、分利，但也能风险共担，即便生意做亏了，也有人和老板一起面对，减轻了老板的创业负担。

显然，相比而言，合伙人制更胜一筹。单枪匹马虽然不用顾及利益纠纷问题，但生意亏了、赚了都是自己的。合伙做生意，所产生的力量必定1+1>2。虽然看似老板把权和利分了出去，却通过企业利益相关者的共赢，换来了众人分担风险的局面。对于创业企业来讲，抵抗风险要比赚钱更重要。扛不住风险，前期赚再多的钱，企业大厦终究还是会轰然倒下。正所谓"独行者快，众行者远"。创业需要缓缓图之，集众人之合力，企业才能走得长、走得远。

每个合伙人享受多大的利益就要承担多大的风险，有多少风险需要承担，合伙人才会操多少心。人性是趋利避害的，没人愿意面对风险，更没人愿意与风险正面交锋。比起承担风险，大家更愿意选择多操心。避免风险的最好方式，就是在参与企业经营过程中多操心。大家心操得多了，全方位加强防范，企业面临风险的几率自然就小了，企业自然也能较为安全地度过每一个艰难时刻。

创业企业，尤其在创业初期，不是要比谁跑得快，而是要比谁跑得久。规避了"风险"这个绊脚石，企业就可以轻装上阵，持久前进。

第十二章　合伙制的法门三：分风险

合伙制的风险分担法

创业微语录

合伙创业，合得好，人人都是赢家；合得不好，老板自己吃大亏。合伙创业要有方式、讲方法，要用强有力的制度为自身利益保驾护航。

很多人惊讶不少优秀企业创造的惊人业绩的爆发力，但很少有人会意识到，如果其背后没有合伙制及联合创始人始终如一、不离不弃的坚持，很难说它们仍能取得现在的辉煌。

我见过不少年轻的创业者，他们从同学、同事、亲戚、好友中寻找合伙人。只要想法一拍即合，就立马着手去做。赚了，大家一起平分；亏了，合伙人跳槽离开。

这是个很残酷的事实，一个公司从初创到壮大，合伙人离开是个大概率事件。据我观察和研究，发现几乎所有的公司都经历过合伙人离开的事情。除了因为公司亏本离开的情况之外，甚至有的合伙人在认为企业发展前途不明朗时，或在企业发展遇到瓶颈时，会在中途带着股份，跳槽到自认为更有前途的企业寻求更好的发展。

董涛之前在一家公司上班，和一位同事十分交好，他们是那种无话不谈、有事必帮的朋友。后来，董涛辞职出来着手创业，他第一个想到的就是这位同事。在两个人交换了思想之后，董涛十分确定，这位同事

> 就是他最好的合伙人，并将产品研发部门交给这位合伙人去管理。董涛无论做任何决定，都会事先征求这位合伙人的意见，在董涛心里，他们是平起平坐的关系。幸运的是，虽然是创业小白，但董涛的公司在创业初期的发展还算顺利。两人也都从合伙创业中尝到了甜头。但好景不长，因为董涛把步子迈得太大，在一批产品上投入了太多资金，一时间导致资金无法回笼，加之融资方面也不太顺利，公司陷入了财务困局当中。上下200多员工两个月没开工资，罢工的罢工，闹事的闹事。在董涛犯难之际，这位合伙人居然提出要退出，并且要把团队里他介绍加入的人一起带走。内忧外患，董涛心里如骨鲠在喉，很是受伤。

对于创业者来讲，合伙人能够在企业面临风险时依然不离不弃，真的非常重要。出现中途跳槽、离开的情况，势必会让创业者感到心寒和无奈。最初的情谊，终究还是被不能共担风险所打败。但痛定思痛，创业者更应该思考的是：如何才能将这个合伙人退出的概率掌控在自己手中？如何才能让合伙人更好地分担企业风险？

我发现，那些创业合伙人中途离开的企业，在创业初期，创业者就犯了一个致命的错误，那就是没有提前拟定合作机制和退出机制。

生意场上，千万不要因为是同学、同事、亲戚、好友，就忽视相关机制的约束。亲兄弟也要明算账。如果你无法将情谊和创业区分开来，那很可能会使你在人情和事业上双双受损。为了止损，为了避免这样的事情发生，你在合伙创业之初就需要定好相关机制。

1. 约定合作机制

在合伙之初，就一定要约定一个合作机制，投资怎么投、分权怎么分、分钱怎么分、风险怎么分。要设置一个触发条件：如果××在企业发展的过程中，只分钱不做事、不分担风险，股份将视为自动放弃，并以××方式进行转让，确保公司的发展。

作为创业者，切记，权、钱平分是大忌，是创业者最大的败笔。

2. 约定退出机制

除了合作机制之外,还应当制定一个退出机制。要设置一个触发条件:如果××中途退出,只担风险,不享收益。公司有权取消其股东身份,并无偿收回其股权,不对其发放当年红利。视情节严重程度,情节较重的,还需要向公司做相应的赔偿。

在约定退出机制时,一定要更强势一些,避免因为合伙人夺权、抢客户、挖人才等给自己带来二次风险。

总而言之,合伙创业,一定要界定好自己与合伙人之间的关系,制定好必要的合伙机制,明确权与利的分配,确保风险共同承担,避免给自身带来损失。

提升篇

13

第十三章
那些成功创业者没有说的秘密

> 成功的创业者,在谈及成功的原因时,有很多人会说自己的成功源自坚持、创新、战略、决策、运气等,但有一些原因是他们没有明说的,往往被轻轻带过。深入挖掘那些成功创业者没有说的秘密,可以助你在创业路上加速成功。

整合资源，打通产业链

> **创业微语录**
>
> 很庆幸，当下的创业者生在、长在互联网时代，资源整合、打通产业链，成为当下互联网经济下企业发展的必经之路。创业者如果能做好这两方面，就会赢得更大的成功机会。

如今的社会是一个互联网社会，万物互联已经是一种常态。可以说，任何一个企业的运转，都离不开互联网的支撑。基于互联网，衍生出更多资源为创业企业所用，同时也加速了企业产业链上下游的打通速度。

1. 整合资源

创业做项目，首先要做定位，然后进行策略分析，再做有效的资源整合。整合资源本质上是对信息的整合，核心方法是对信息做分类应用。

在这个"大众创业，万众创新"的时代，创业者不论从事哪个行业，都需要搭建自己的资源平台，然后利用这个平台去整合资源，发展自身。

> 我举个简单的例子。传统餐饮企业，一直以来都将线下作为销售渠道。
>
> 互联网的出现，也萌生了一些互联网创业企业，如美团。美团作为一个生活服务电子商务平台，涵盖了餐饮、外卖、生鲜零售、打车、共享单车、酒店、旅游、电影、休闲娱乐等200多个品类，活跃商户超过650万。美团将原本线下的资源整合、聚合起来，将吃喝玩乐全搬上了电

> 商平台。
>
> 美团从创立至今，用10年的时间，就把自己打造成一个涵盖吃喝玩乐的超级帝国，正是源自其超强的资源整合能力。

如今，很多创业者借助互联网开始进军电子商务、短视频、直播等行业，他们为什么选择这些行业去创业？因为顺势而为才是正确的选择。未来，将是一个人和网结合更加紧密的时代，将是一个资源完全共享的时代，创业者不论从事什么行业，要想在互联网浪潮中找到一席之地，都必须做好资源整合。

2. 打通产业链

互联网使得那些原本资源匮乏的传统企业重获生机，同时也实现了互联互通。创业企业需要更多地考虑如何借助互联网打通产业链，实现上下游的无缝对接。

任何一个企业都不是孤立存在的，而是产业链上的一个点，与上下游企业有着千丝万缕的联系。如果一个企业单纯想靠自身自给自足去发展，即便能取得成功，也会走得很艰难、反而会拖慢企业前进的速度。产业链上下游企业相互合作，深度对接，才能快速实现共赢。

> 老刘是做家装行业的，前段时间我们偶遇时坐在一起聊了聊，得知老刘这几年生意做得很不错。要知道，家装行业本身其产业链条就很长，要在市场中站稳脚跟实属不易。在细聊后，我发现，老刘能够在家装行业做得风生水起，关键还在于他通过垂直一体化，打通了从家装设计、施工、原材料采购到用户体验整个产业链。老刘的公司只负责家装设计板块，施工、原材料采购、用户体验则交给专业人士去做。这样产业链上下游紧密合作，形成合力，为消费者带来既高效又精准的服务，消费者自然会乐于买单。

互联网时代给创业者带来了全新的机遇，谁能够更好地整合资源，谁的供应链就更具优势，谁就将在整个竞争中取得领先地位，进而有可能成为最后的赢家。

打造成功的商业模式

创业微语录

企业之间的竞争，不是产品之间的竞争，而是商业模式之间的竞争，这是新时代企业竞争的最高境界。

任何一个创业企业，都必须构建适合自己的商业模式，甚至在商业模式上做创新和突破，才能够在激烈的市场竞争中形成强效竞争力。

每个创业者，在着手创业之前，都应当研究自己的商业模式。好的商业模式，可以助你快速走向成功。

什么样的商业模式才能算作真正好的商业模式呢？就我个人理解，真正称得上好的商业模式就好比是一堵高墙，墙越厚、越高，对你的保护能力就越好，就越能更好地把你的敌人堵在墙外。

很多创业者喜欢模仿、复制同行的成功商业模式。那么模仿、复制成功商业模式是否可行呢？我并不建议去模仿和复制别人的商业模式。原因有二：

第一，真正成功的商业模式是难以成功模仿和复制的。

既然是成功的商业模式，必定有其坚实的"壁垒"。众多铁一样的事实证明，真正好的商业模式，其特点是不可替代性。所以，作为初创企业，即便你去模仿、去复制，终究也是徒然。

第二，模仿和复制带来的盈利只是昙花一现。

即便是同行，不同的企业也有其不同的情况和特点，别人的成功商业模式，未必与你的企业情况和特点完全适应。即便侥幸盈利，也是短期盈利，时间一久，各种问题就会显现，难以产生持续盈利。

所以，真正好的商业模式，不易模仿和复制，适合别人的未必适合你，更难以形成属于你的特色和壁垒。

> 众所周知，宜家是做家具家居用品生意的，商品主要涵盖座椅沙发、办公用品、卧室系列、厨房系列、照明系列、纺织品、房屋储藏系列等。相比于居然之家、红星美凯龙这类通过吸引大量商家入驻、以赚取租金作为主要盈利模式的家居卖场，宜家采取的是完全自营的商业模式。商品自采自产自销，这种去渠道化的商业模式，有效节约了成本，同时还为消费者打造了超预期的低价产品，由此也获得了强大的品牌优势。

我认为，打造好的商业模式，如果你没有任何头绪，最简单的方法，就是借鉴别人的商业模式，站在巨人的肩膀上，结合自身特点进行微创新。这样同样可以形成自己独有的"壁垒"。

第十三章　那些成功创业者没有说的秘密

找好趋势，洞见"未来决定现在"

创业微语录

> 大环境、大趋势，是整个世界和国家的宏观走势。创业者要有前瞻性眼光和超前意识，不仅要看清市场前景，还要有把握大环境、大趋势的能力。

俗话说："应势而谋，因势而动，顺势而为。"创业，要顺势而为，因时而变，才能把握成功先机。创业者永远不要和趋势做对，不要逆流而上，否则只能以惨淡收场。

纵观那些成功的创业者，他们有一个共同的特质，那就是"顺势而为"。

> 说到"顺势而为"，让我第一个想起来的就是雷军。雷军在回忆2007年到2010年间，他在金山经历过坎坎坷坷之后，站在创业者的角度上，认为：这个世界上聪明的人、勤奋的人太多，这都是做事情的必要条件，更关键的是人。所谓人的运气、机遇，其实就是找到对的时间，在对的时间做对的事情，人一定要顺势而为。后来，雷军顺应互联网、移动互联网的红利期，创建了小米科技；还在创客运动席卷全球时期，借助互联网思维积极开创新品类；在用户越来越追求个性化的趋势下，注重为用户提供个性化服务等。这些都是雷军创业过程中的顺势而为。

创业者，如果能够顺应时代的发展，在天时、地利、人和的红利时代，再加上自己的聪明和勤奋，取得成功势在必行。

那么，什么叫"趋势"？如果你在大家都用自媒体拓展业务的时候，依然靠打电话、上门拜访，靠守株待兔找客户，你觉得你能干过那些玩自媒体的创业者吗？这就是"趋势"。

这年头做生意，如果你还不懂得顺势而为，那么你的生意会做得很艰难。拿自媒体来说，当前无论个人还是企业，人人都在玩自媒体，用自媒体给自己做宣传、做营销已经成为一种趋势。假如你是做餐饮生意的，如果你会玩自媒体，当你流量比较多的时候、宣传面比较广的时候，即便你家的菜品与竞争对手做的菜色香味都差不多，甚至你家的菜品略逊于别人的菜品，但所有的顾客都认为你家的好吃。为什么？因为你借助自媒体的力量做了很好的宣传，你的知名度较大，你的知名度对你的销售起到了重要的作用。所以，尤其在当前这个时代创业，你更需要抓好趋势，洞见"未来决定现在"的重要性。

每个时代，都在特定的时间有各自的趋势和机会。那么现在有哪些趋势和机会呢？我在这里简单地做了个总结。比如懒人经济、短视频、直播、在线办公软件、私域流量、微信小程序等，这些对于绝大多数创业者来讲，是普遍趋势。

趋势就是风口，趋势就是财富，趋势就是未来的市场，这就要靠你敏锐的眼光去判断和发现。成功就是要与趋势为伍，谁能够顺势而为，谁就能乘风破浪，勇立潮头。

不计一时之长短，方得来日之输赢

创业微语录

> 创业不是短跑，而是一场马拉松。没有谁的创业之路一帆风顺，挫折和困境是对创业者心态的一种考验。不计一时之长短，方得来日之输赢。

相信很多人会问："同样是创业，为什么有的人成功，有的人失败，为什么成功的人却凤毛麟角？"其实答案很简单。那些成功的创业者，不但具备智慧、远见、资金、技术、经验等基本创业条件，还具备一项必备的素养，那就是"耐心"。

创业好比是钓鱼，如果你因为自己钓到一条小鱼就沾沾自喜，因为自己长时间没钓到鱼就甩鱼竿走人，那么你永远也钓不到大鱼。钓鱼，既要手稳，还要心稳。"手稳"是创业者必备的条件，"心稳"是创业者必备的素养。

这里有一个普遍的规律：越是伟大的事业，越是巨大的成功，越需要创业者付出更多的努力和牺牲。当你在看到别人小收获不断，而自己却望着目标依然坚持努力时，成功就在向你靠近。这是必然的，因为任何大的收获，都是需要时间来等待，需要坚持努力来实现的。所以，即便你长年累月稳坐钓鱼台，甚至一坐十年无所收获，被别人嘲笑的时候，越需要你心无旁骛、专心将其做到极致。

在你不计一时之长短，专注于你的事业时，哪怕目标很小，只要努力将其做到更好，总会有不寻常的收获。

> 方芳，一个 90 后姑娘，小时候一个偶然的机会喜欢上了剪纸。上大学的时候，方芳学的是室内设计专业。一有时间，她就拿起剪刀给手中的一张张纸"凹造型"。她甚至将自己设计的复杂的建筑外形剪了出来。不少同学都羡慕她有一双巧手，而她对剪纸的兴趣也变得更加浓厚。大学毕业后，方芳进入一家装修设计公司工作，由于能力出众，她从一名小职员一路升到设计部经理的职位。尽管工作越来越忙，但她从来没有放弃剪纸这一爱好。她曾把自己的剪纸作品拍成短视频放到网上，也因此吸引了一大批粉丝，甚至有不少粉丝表示想要出价购买。方芳看到了剪纸的市场，于是辞了职，开始创业，在快手上开起了小店。朋友、家人都嘲笑她，放着高薪工作不做，回家把自己关在屋里、埋在一堆剪纸里，能有什么出息？的确，在刚开始的半年时间里，方芳的订单很少，甚至一连两个礼拜没有销量。但她没有放弃。没想到的是，有一天，有一位老板联系到方芳，要做定制剪纸。渐渐地，方芳的剪纸打开了市场，剪纸作品成了抢手货。而她的事业也越做越大，将剪纸做成了创意文化产业。

创业，要有一个长期"坐冷板凳"的心理准备。创业是十分艰苦的，太多人因为坚持一段时间后没有收获，就中途放弃，永远与成功无缘。创业能否成功，拼的就是一颗平常心。成功需要等待和坚持，能够沉下心来，潜心发展，付出比其他人千倍万倍的努力，成功早晚会到来。创业路上，切记，永远不要对自己说"不可能"三个字。

第十三章　那些成功创业者没有说的秘密

不忘初心，方得始终

创业微语录

> 伟大的事业，往往源自一个单纯的梦想和心愿。在创业路上，充满了各种变化和挑战，创业者只有不忘初心，才能走得更远。

在一堂培训课上，我问起很多创业者，创业初心是什么？答案五花八门。

有人不假思索地说是为了实现财务自由。财务自由是人之常情，不可否认，绝大多数企业都是以赚钱为目的的。但这并不能算作真正的创业初心。

我对于创业初心的理解，是从自己想要解决一个问题开始，去创建一个项目，以改变当下这种不好的现状。

> 举个例子。如果你原本是一个打工族，你发现与自己相同的打工者每天忙于工作，在吃饭问题上经常凑合一下，再加上很多餐馆的菜品存在食品安全和健康问题。长期下去，这些打工族的身体健康会受到影响。于是你想开一家餐馆，改善打工族不健康的用餐习惯。你会更加关注食品原材料的生长环境，对菜品的营养搭配方面严格把关。当你把每一个环节都执行到位了，你就能得到更多顾客的认可，并赢得良好的口碑，赚得盆满钵满也是自然而然的事情。
>
> 那么，你开餐馆想要改善打工族的不健康用餐习惯就是你的创业初心。

创业者有什么样的初心，事业就有什么样的路径，有什么样的结局。

很多人在创业的时候，初心是好的，但有不少人在创业这场大考中，因为眼前的困难、挫折而内心动摇，最终选择了逃匿。甚至有不少人，因为某些因素，如金钱、压力等的影响，其内心为利益所动，责任感被外界所限制和操控，变得不再是自己，把初心和梦想抛于脑后，他们选择了抛弃自己肩负的责任和使命。

很多创业者，无论是个人创业，还是合伙人创业，之所以失败，是因为他们没有把梦想、初心当作自己一生的追求，也没有把梦想和初心当作自己的信仰，更没有为了这种追求和信仰而执着地走下去。简言之，就是他们在创业过程中，并没有坚守自己的初心。

现实中，有很多创业者为了跟随市场和追逐金钱利益而放弃了理想和初心；也有很多创业者在企业发展到辉煌的时刻，内心开始浮躁和膨胀，忘记了最初的梦想，甚至忽略掉了最初的创业初心。

> 江林是一个土生土长的孩子，从小他就和父母一起下地干农活，在秋收季节，父母总是天不亮就用小推车载着沉甸甸的粮食，徒步走五公里山路到镇子上售卖，等到卖完回到家时，都已经到了大半夜。江林深刻体会到了做农民的辛苦和不易，所以，他从小就有一个志向，长大后要帮助父母和村子里的人将大山里的农作物售卖出去，再也不用起早贪黑。
>
> 江林上大学后，学了不少知识，见识也增长了不少。他觉得他们村子太落后，经济发展太差。大学毕业后，响应国家号召，发展农村经济。此时，他不但要改变村里人起早贪黑卖粮食的现状，还要带领全村人一起致富。
>
> 于是，江林在政府的扶持下，做农村淘宝电商，有了好的平台，村里的经济作物便有了好的销售渠道。村里的经济也得到了很好的改善，村里人都十分感激江林。有一位收购商想要收购很大一批当年的新粟米，但村里的新粟米库存没达到收购商的数量要求，江林又不想失去这位大

客户，就拿出两年前的陈米，以陈充新。终归，纸包不住火。没过多久，收购商全部退货，并要求江林赔偿经济损失，包括人工费、运输费、仓储费等。这样一来，江林不但要赔偿收购商损失，而且在村里的口碑也急剧下降，迎来的是人们的各种谩骂声。他的创业之路也就此夭折。

所有关系的改变，都是源自初心的改变。保持自己的初心，保持自己原有的样子，你的创业之路才能走得长远。正应了那句话："不忘初心，方得始终。"

创业者如何才能做到不忘初心？我这里给出几个建议：

1. 铭记自己的创业初心

很多人创业，都是因为最初的心中梦想。但走着走着发现自己都忘了自己第一天想要干的是什么。所以，你每天早上一睁眼，都要重复一遍自己的初心是什么。永远别忘记自己第一天创业时的梦想，并不断为实现梦想而努力创业，最后你一定会迎来成功的喜悦。

2. 养成每天自省的习惯

人们总是看得到别人的不足，却发现不了自己的问题。保持每天自省的习惯，可以让自己始终保持头脑清晰，使得自己的初心不会受到外界的干扰而发生改变。

3. 梳理项目出发点

创业过程中，需要不断推出全新的创业项目。如果你能在每次推出创新项目之前，全面梳理项目出发点，并判断其是否违背了自己的创业初心。如果有违初心，就需要转变出发点，重新上路。

坚守初心，是创业者通往事业巅峰的前提和保障。创业，初心一定要善始善终。

14

第十四章
学习，是创业者终生的事业

> 创业是一个不断学习升级的过程。创业路上，各种困难和挑战随时都可能出现，唯有不断学习新知、不断提升技能，才能小步快跑，获取更多的经验。一切伟大的创业者，都是终身的学习者。学习，是创业者终生的事业。

创业者，做什么就要学什么

创业微语录

一个人掌握的知识越多，眼界就越丰富，对事物的看法就更独到，处理事情也就更合理。要想成为一个成功的创业者，就需要不断地去汲取，避免拖累公司的高速发展。

活到老，学到老。每个人一生有很多东西需要学习。尤其对于创业者来说，需要学习的东西则更多。

很多创业者会提出这样一个问题：我创业究竟要学习什么？我认为答案很简单，就是你做什么就要学什么。

创业者就是要眼观六路，耳听八方。一个创业者，可以没有特别厉害的专长，但一定不能没有全局观。成功的创业者，必然是整个企业的大局总揽者、全局把控者。没有这点能耐，难以实现成功创业。

我认为，作为一个大局总揽者、全局把控者，创业者需要学习和掌握的方面应当包括以下几点：

1. 社会经验、行业知识

社会经验和行业知识是创业的基础。如果没有任何社会经验，对行业一无所知或一知半解，那么你还需要用一段时间在社会经验和行业知识方面多学习、多积累。这些知识在你创业的过程中非常重要，不熟的行业、不懂的行业，千万不要做。

2. 法律法规、国家政策

国家对于每个行业，都有相关的法律法规做约束。同时也有相关国家政策对行业做扶持。创业者在正式进入创业阶段前，一定要对这两方面花时间做功课，可以让你避开不该踩的坑，获得应有的政策扶持和帮助。

3. 做老板的思维

"居高位者，以知人晓事二者为职"。创业做老板，一定要有做老板的思维。其中最重要的三种老板思维是创业者学习的重点。

（1）成本收益思维

创业者每做一个项目，就需要投入大量的资金和时间，所以每次着手做一个新项目之前，创业者都应当多思考成本收益问题，认真做好投入产出评估。要学会多问自己三个关键问题：

①我花大把时间和资金做这件事情，能收获什么？
②做这件事情，是否真的值得？
③这件事情对企业今后的发展会产生什么影响？

（2）杠杆思维

一个人的力量是微乎其微的，但如果能学会借助他人之力，为自己做事，就能产生更大的价值，这就是一种"杠杆思维"。但很多创业者一心想要结交行业大佬，希望在大佬的提携下事业能够平步青云。但实际上，那些真正的大佬是很难结识的。两个价值等级不匹配的人，是很难玩到一起的。与其这样，不如与那些与你处于同一阶层的创业者为伍，和他们一起玩，给他们力所能及的帮助。这个过程，实际上就是为自己构建"杠杆"的过程。人情债总是要还的，在你向他们寻求帮助的时候，实际上就是你借助杠杆为自己创造更大价值的时候。

（3）抗风险思维

作为创业老板，要学会时刻保持居安思危的状态。我身边那些成功的创业者，他们的一个共同特点就是随时做好破产的心理准备。现金流断裂、竞争对手偷袭、市场天气骤变、公司内斗等，一切可能给公司带来风险的事情，他们都会考虑在内，并提前做好了应对策略。

4. 商业理论知识

商场如战场，创业者作战前，一定要掌握丰富的商业理论知识，比如市场营销知识、社会心理学、财务基础知识、企业法等，用理论指导实践。

5. 商业技能

每一个创业者，都需要掌握一套基本的商业技能，因此增加创业成功的机会，如情商管理技能、现金流管理技能、战略规划技能、财务预算技能、时间统筹技能、市场分析判断技能等。

越是成功的创业者，越头脑清晰地知道自己在做什么，需要学习什么，从而让自己变得更加强大。作为普通创业者，更要有这种学习意识。

第十四章 学习，是创业者终生的事业

创业，有时就是比谁学得更快

创业微语录

创业拼速度，其实拼的是人进步的速度、学习的速度。一个创业者成长的速度，决定了企业发展的速度。

对于创业者来说，终身学习很重要。时代在变化中前进，每个时代都有不同的机遇，创业者只有通过不断学习，才能提升自己的能力。否则，你资源再好、机遇再好，也都是白搭。

但如今这个市场竞争非常激烈的时代，你停滞不前，或者进步的速度不够快，都有被竞争对手挤压、被市场淘汰的风险。如果你学习的速度跟不上，就会导致思维跟不上、能力跟不上，企业发展速度也会跟不上，那么创业失败的风险就会增加。谁学习的速度快，谁就有竞争优势；谁学习的知识全面，谁就有掌握竞争的主动权。

我曾经做过一项统计发现，10年前财富排行榜评出的500强企业，已经有将近40%销声匿迹；30年前财富排行榜中评出的企业，已经有60%破产或被收购。同时我还发现，那些屹立不倒的企业，都是善于学习、热爱学习的企业，而且学得有多快，赚钱的速度就有多快。学习的速度，与赚钱的速度成正比关系。企业如此，创业者个人也是如此。

现代社会是一个知识爆炸的社会，知识更迭的速度和经验贬值的速度惊人。只有那些抓住时代大潮，又善于在学习中跟上时代步伐、与时俱进的人，才能始终站在财富的巅峰。

> 李嘉诚曾是亚洲首富、世界十大富豪之一。在记者采访时，问道："你今天拥有如此大的成就，靠的是什么？"李嘉诚回答："靠学习，不断地学习。"不断地学习是李嘉诚成功的奥秘。
>
> 李嘉诚虽然出身贫寒，但他有很强的学习力。青年时，李嘉诚坚持"抢学"，他为了补贴家用，便从初中辍学，打工挣钱。在这期间，利用业余时间自学完成所有的中学课程。创业期，他坚持"抢学"，他每天工作十多个小时，还依然坚持学英语，在创办塑料厂时，还专门订阅英文杂志，既学英语，又能很好地了解世界的塑料行情和动态。即便事业有成，他依旧坚持"抢学"，每天晚上睡前定时看书，他几乎无所不学，对他有益的知识都是他学习的内容。

李嘉诚学习上的与时俱进从未停止过，所以他总是能走在别人前面。创业者只有不断快速填充自己的新知识，才能适应日新月异的现代社会，才能在市场竞争中取胜，否则你会被那些学习速度快的人所超越。

很多初来乍到的创业者，自称创业小白，他们十分崇拜和钦佩那些十分厉害的成功创业者。实际上，创业永远没有小白和大神之分。今天的大神，如果不注重学习，如果学习速度跟不上时代的进步速度，那么你的企业也能让一个快速学习的小白所创办的企业所取代。

就像是今天你还在实体门店、电商网店中坐等顾客上门，而你的对手虽然是创业新手，却已经通过快速学习开始熟练使用新工具做起了私域流量，做起了短视频带货、直播带货，也许你和他们的差距，在半年时间里就已经是天壤之别。

所以，创业者既要不断给自己"充电"，又要注重"充电"的时效性，才能在市场竞争的激流中领跑急行。

第十四章 学习,是创业者终生的事业

学习是对创业者心灵最好的净化

创业微语录

创业好比是翻山,每一次翻山都是一个学习和积累的过程,每翻过一座山之后,你会发现自己的心态和原来不一样了。学习是对创业者心灵最好的净化。

我相信,很多创业者最大的感受便是:创业是一种心灵上的煎熬。

绝大多数人创业是为了证明自己,并获得应有的回报,而不是为了打败别人。在准备创业的时候,你的朋友、亲人中90%的人认为你创业是一件荒唐可笑的事情,80%的人不会相信你能够成功;当你小有成就时,你的朋友、亲人中70%的人认为你所取得的成绩不是靠能力,只是靠运气;当你的业绩显著上升时,有50%的人认为这只是刚开始,还不是真正赚钱的时候,后面还有很多难以攻克的困难和挑战在等着你;当你在创业领域声名鹊起时,20%的人才会竖起大拇指对你说:"你真是个做大事的人。"

这些来自别人的各种各样的误解、评判和非议,对创业者来讲,是一种心灵的打击,也是一种心灵的考验,只有过来人或者正在经历中的人才能真正体会。以商业成功失败论英雄,这样并不公平,但你无论做何种解释和说明,都显得苍白无力。所以很多创业者最后选择了沉默。

创业路上,总会有很多负能量的东西向你传递,如果你禁不住这些鄙夷、嘲讽、嫌弃和轻视,没有足够强大的内心做支撑,没有足够丰富的学识做后盾，那么你恐怕真的要像别人说的那样，最终走向失败。

  时间对创业者来说是最为宝贵的财富。任何事情都需要不断向前推动，与其做毫无意义的争辩，不如沉淀自己，净化心灵，轻装上阵，从容理智地应对一切。

  创业是一件需要终身学习的事情，创业者沉淀自己、净化心灵的最好方式，就是坚持学习。

  或许有人会说："我学习了不少知识，但总是觉得没有什么用处，还容易忘记。"

  其实，读书就是这样，好比是竹篮打水，看似一场空，但如果长期坚持下去，你就会发现，竹篮已经变得越来越干净了。这就是学习的作用。

  学习，可以让创业者的心静下来，心灵得到净化。反过来，心灵得到净化后，可以将你的学习成果转化成干事创业的"正能量"，让你变得更优秀。你若优秀，清风自来。

第十四章 学习，是创业者终生的事业

所有得到的一切，都和修行成正比

创业微语录

创业能否成功，靠的是创业者个人的修行。创业者创业，不管从事什么行业，你所得到的一切，都和修行成正比。

创业很苦、很难、很累，可谓九死一生。一群人去创业，最终能够成功的却很少。

在这个人人皆可创业的年代，市场不断随着入局者而涌动。其中有鲜花和掌声，也有荆棘和迷茫，今日的初创企业很可能蜕变成明日行业里的独角兽。而创业者的这种蜕变过程，其实就是一个修行的过程，就是创业者不断自我提升的过程。

那些成功的创业者，大多是从失败中一步步蜕变、修行而来的。

黄峥是一个不折不扣的创业修行者。早期创业，黄峥创立了一家电商网站——欧酷网，主要是出售步步高电子教育产品，为了弄清楚一些有关销售的问题，黄峥亲自去国美、苏宁做导购。之后，由于行业内出现了强劲对手——京东，黄峥便将欧酷网变卖，带着团队做电商代运营。代运营的工作也并不好做，他思考着如何才能在电商领域崛起。他凭借敏锐的嗅觉，发现微商中蕴含的巨大商机，并对微商的消费者、京东和天猫的商业模式做了细致的分析和学习。在琢磨良久后，

> 他把目光聚焦在社交电商，用拼单的模式打造了拼好货App，做起了水果生意。在拼单模式下，参与拼团的人越多，平台的采购规模越大，议价能力就越强，成本就越低。果然，拼好货为黄峥赚得了真正意义上的人生第一桶金。
>
> 但由于采购、销售和发货都是自己在做，所以很多时候因为爆单导致水果不能及时发货，引起不少消费者的不满。为了解决这个问题，黄峥从淘宝和京东学到了精髓，将拼单模式做成平台，引入品牌商家，发货物流工作交给第三方去做。由此，黄峥正式成立了拼多多。出人意料的是，拼多多的发展速度远超拼好货，没过多久便正式驶入了发展的高速路。在发展过程中，黄峥不断学习、不断对商业模式做调整。如今，拼多多作为一名后起之秀，与淘宝、京东形成了三分天下的局面。

黄峥一路走来，经历了多次创业，最终成功蜕变。究其成功的背后，便会发现，黄峥具备了极快的学习能力。面对复杂多变的市场环境，他总是能快速学习、快速响应。

创业是一条艰辛之路，爬山涉水、翻山越岭是每个创业者都要经历的，能够成功走到最后的人，靠的是不断的修行和蜕变，只有自己变得越来越强大，在创业路上走得才会越容易。而蜕变和修行的最好方法就是学习。

我总结了一个创业成功修行的公式：成功 = 能力 × 努力 × 态度。

能力，需要强迫自己提升，才能不断超越自我，一步步走向卓越。而能力的提升是需要通过学习来获得的。

努力的程度，决定了事业成功的速度。创业者需要不断强化自己的学习，努力使自己成为一个具备大智慧的人。

态度决定成败。创业路上，创业者要有空杯心态，通过不断学习新知识，积极挑战自我，让自己的知识与能力永远处于最高点。

第十四章 学习，是创业者终生的事业

在创业这条修行路上，永远离不开学习。学习，是创业者必经的修行方式。只有不断学习，创业者才能有更加长远的眼光洞见未来，才可以为企业创造更大的价值，才能以更好的能力、努力和心态取得事业上的成功。